AI와 미래의 노동

AI문고

인공지능 시대입니다. 기계가 인간의 인지를 대신하고, 사물이 인간을 통하지 않고 다른 사물과 직접 커뮤니케이션합니다. 이에 따른 인간 삶과 문명 변화를 정확히 이해 · 예측 · 대응하는 것은 이 시대 우리 모두의 과제입니다. AI문고는 인공지능 기술과 환경의 여러 주제를 10가지 키워드로 정리합니다. 관련 개념과 이론, 학계와 산업계의 쟁점, 우리 일상의 변화를 다룹니다. 인간과 기술의 현재, 미래를 세심히 분석합니다.

일러두기

- 인명, 작품명, 저서명, 개념어 등은 한글과 함께 괄호 안에 해당 국가의 원어를 병기했습니다.
- 외래어 표기는 현행 어문규정의 외래어표기법을 따랐습니다.

처음이세요?

전문가세요?

지금, 큐알 찍으면

- AI 입문서 바로 선물
- 당신만의 필독서 추천
- 500권 요약본 공짜
- 오디오북 무료 사용

AI와 미래의 노동

안도헌

대한민국, 서울, 커뮤니케이션북스, 2025

AI와 미래의 노동

지은이 안도헌
펴낸이 박영률

초판 1쇄 펴낸날 2025년 2월 27일

커뮤니케이션북스(주)
출판 등록 2007년 8월 17일 제313-2007-000166호
02880 서울시 성북구 성북로 5-11
전화(02) 7474 001, 팩스(02) 736 5047
commbooks@commbooks.com
www.commbooks.com

ISBN 979-11-7307-650-3 03500

책값은 뒤표지에 표시되어 있습니다.

차례

AI와 노동의 불편한 진실

> 쥐와 인간이 세운 가장 잘 짜인 계획도
>
> 종종 틀어지기 마련이다
>
> The best-laid schemes of mice and men
>
> Go often awry
>
> – 로버트 번스의 「생쥐에게(To a Mouse)」 중에서

『생쥐와 인간(Of Mice and Men)』은 1937년에 출간된 중편 소설로 존 스타인벡(John Steinbeck)의 대표작 가운데 하나다. 이 작품은 1930년대 세계 대공황 시기의 캘리포니아를 배경으로 두 명의 떠돌이 노동자인 조지 밀턴(George Milton)과 레니 스몰(Lennie Small)의 이야기를 다룬다.

조지와 레니는 새로운 일자리를 찾아 한 농장에 도착한다. 이들에게는 꿈이 있다. 언제가 될지는 몰라도 자신들만의 작은 농장을 갖고 토끼를 키우며 자유롭게 사는 것이다. 레니는 덩치도 크고 힘도 무척 세다. 또 부드러운 것을 좋아한다. 하지만 정신적 장애가 있는 그는 힘

을 억제하지 못해 부드러운 것을 만지다가 문제를 일으키곤 한다. 어린 소녀의 드레스를 만지다가 오해를 받고 쫓겨나기도 하고, 생쥐를 주머니 속에 넣고 부드러운 털을 만지며 다니다가 죽이기도 한다.

조지는 이런 레니를 돌보며 함께 다닌다. 조지는 영리하고 현실적인 인물이다. 조절이 안 되는 레니의 힘을 늘 걱정한다. 농장의 다른 사람과 이야기하지 말라고 충고하고, 무슨 일이 생기면 도망쳐 함께 숨을 장소도 미리 일러 준다. 그러나 정신적인 장애가 있는 레니에게 조지의 충고는 소용이 없었다. 늘 레니가 일으킨 사건·사고를 사후에 조지가 수습하고 다녔다.

그러나 조지에게도 어쩌지 못할 사고가 발생한다. 농장 주인의 아들인 컬리(Curley)는 성격이 매우 공격적이고 폭력적이다. 작은 키에 대한 콤플렉스로 자존감이 낮아 누구에게나 적대적이다. 특히, 그의 아내를 함부로 대한다. 한번은 레니에게 시비를 걸어 팔이 부러지는 부상을 당하기도 한다. 컬리의 사랑을 받지 못하는 그의 아내는 다른 남자들의 관심을 끌려고 한다. 이날도 컬리의 아내는 말을 걸 상대를 찾고 있었는데, 헛간에 혼자 있는 레니가 눈에 띄었다.

레니는 조지의 충고대로 컬리 아내와의 대화를 피한

다. 하지만 컬리 아내는 계속 말을 걸었고, 자신의 머리카락을 만져 보라고 한다. 레니는 부드러운 것에 대한 유혹을 참지 못하고 컬리 아내의 머리카락을 잡고 만다. 부드러움에 취해 레니는 컬리 아내의 머리카락을 점점 더 세게 움켜쥔다. 놀란 컬리 아내는 소리를 지르고, 이에 당황한 레니는 그녀의 입을 틀어막고 목을 세게 잡는다. 그러나 자신의 힘을 조절하지 못하는 레니는 그녀의 목을 부러뜨리고 만다.

레니는 자신이 저지른 일을 깨닫고 공포에 질려 도망친다. 조지가 미리 알려 줬던 장소로 피해 있던 레니 앞에 조지가 나타난다. 컬리가 복수심에 불타 농장의 다른 일꾼들과 함께 레니를 찾는다는 사실을 알고 있는 조지는 레니의 끔찍한 최후를 막기 위해 결단을 내린다. 꿈, 오래도록 간직했던 두 사람의 꿈을 레니에게 들려준다. 레니는 자기 소유의 농장을 상상하며 행복해한다. 그때 조지는 레니의 머리를 향해 총을 발사한다. 레니의 죽음과 함께 이들의 꿈도 사라진다.

희망은 누구나 품을 수 있다. 하지만 현실을 직시하지 않으면 그 희망은 물거품이 되기 일쑤다. 세계적으로 경제가 어려웠던 시기다. 변변한 일자리도 없어서 이 농장 저 농장을 떠돌며 품을 팔아 겨우 생계를 유지한다. 정신적 장애로 자신의 힘도 조절을 못해 언제든지 파국으로 치달을 위험 요소를 안고 있다. 그러면서도 자기 소유의 농장을 꿈꾼다는 것은 헛된 짓이다. 현실을 외면한 희망은 너무나 허약하다. 현실을 직시하라!『생쥐와 인간』이 우리에게 주는 교훈이다.

인공지능의 발달이 눈부신 오늘날 여기저기서 미래에 대한 희망을 쏘아 올린다. 편리하고 풍요롭고 자유로운 세상이 올 것이라고 한다. 어려움이 있겠지만, 그것은 일시적이니 안심하라고 한다. 역사적으로 기술 발달은 궁극적으로 인류 문명을 발전시켰다고 강변한다. 그러니 믿고 나아가자고 한다. 우려의 목소리는 간간이 전파를 타고 바람처럼 흘러가 버린다. 다른 기업이나 나라에 뒤처질세라 기술 개발에만 매달린다. 그런데 과연 괜찮은가? 정말로 일시적인가? 새로운 기술은 기업의 생산성 향상과 이윤 극대화를 위해 개발되고 도입되는 것이 명백한데, 우리 모두를 희망의 나라로 데려다줄까? 현실을 직시하지 않으면 파국으로 치닫는다는 교훈이 필요한 시점이 아닐까?

흔들리는 세상

2012년은 옛날이 아니다. 그런데도 기술과 관련한 이야기를 시작하려면 왠지 까마득하게 느껴진다. 그만큼 기술 발전의 속도가 빠르다는 것이다. 2012년은 사진·필름 업계의 일인자 코닥이 파산한 해이기도 하다. 여전히 기업은 존재하지만 옛 명성은 완전히 사라졌다. 지금은 대부분 스마트폰에 소중한 시간을 간직한다. 마치 원래 그랬던 것처럼 말이다. 그러니 코닥 같은 기업이 사라지는 것은 어쩌면 당연한 일일지도 모른다. 그런데 애플의 아이폰이 처음으로 출시된 해는 그리 오래전이 아니다. 코닥이 파산하기 불과 5년 전인 2007년이다.

2023년 구글이 '코드 레드(Code Red)'를 발동했다. 믿기지 않는 일이었다. 2000년대 중반부터 검색 엔진 시장의 일인자로 군림하고 있는 구글이 비상사태를 선언했다(경향신문, 2024.1.7). 2022년 11월 OpenAI가 정식으로 챗GPT 서비스를 시작하자 생존의 위기감을 느꼈기 때문이다. 자연어에 기초한 대화형 AI 모델의 등장은 검색 시장의 판도를 뒤흔들 것으로 예측됐다. 구글처럼 다 읽지도 못할 엄청난 양의 자료를 검색해 주는 것이 아니라, 대화하듯이 필요한 내용만 간추려주니 훨씬 더 편리하게 이용할 수 있기 때문이다. 그래서 구글은 자체적으로 AI를 개발할 뿐만 아니라, 생성형 AI를 광고 제작 자동화에 접목하면서 구조 조정에 나섰다. 2023년 1월 구글의 모회사 알파벳에서만 전 직원의 6%에 해당하는 1만2000명을 해고했고, 추가로 약 3만 명에 대한 인력 감축을 예고했다.

세계적 기업인 구글의 비상사태 선언과 대규모 구조조정은 시사하는 바가 크다. 기술 발달에 따른 위기가 일상화되었다는 것을 상징적으로 보여 줬다고 할 수 있다. 다시 말해, 일반인들이 막연하게 느꼈던 인공지능의 위력을 실감한 사건이었고, 최근의 기술 발달에 따른 많은 예측이 현실이 될 수 있겠다는 위기감을 고조시킨 사건이었다.

자주 인용되는 옥스퍼드 대학교의 두 교수 칼 프레이와 마이클 오즈번(Carl Frey & Michael Osborne, 2013)의 연구에서는 일자리의 자동화 잠재력을 미국은 47%, OECD는 57%, 인도는 69%, 중국은 77%라고 예측했다. 그리고 맥킨지 앤 컴퍼니(McKinsey & Company)에서는 만약에 선진국들이 새로운 기술로 빠르게 전환한다면 2030년까지 7억 개의 일자리가 로봇으로 대체될 것으로 추측했다(Bootle, 2019).

최근 한국은행에서 발표한 『AI와 노동시장 변화』(한지우 · 오삼일, 2023) 보고서에 따르면, 국내 일자리 중 인공지능에 의해 대체될 가능성이 큰 일자리는 전체 일자리의 12%에 해당하는 약 341만 개로 추정되었다. 그리고 산업용 로봇에 더 노출된 일자리가 다른 일자리보다 고용 감소 폭이 큰 것으로 드러났다. 이를테면 산업용 로봇에 대한 노출 지수가 10% 높으면 고용 비중은 12%p 감소했다. 한국은 미국과 유사한 상관관계가 있는 것으로 조사되었지만, 한국의 고용 감소 폭이 더 큰 것으로 나타났다. 그것은 한국 제조업의 산업용 로봇 도입 비중이 세계 1위(2021년 기준으로 종사자 1만 명당 1천 대를 사용하고 있다)인 것에서 기인한다.

이제 이런 예측들을 보고서상의 숫자에 불과하다고 치부하기는 어려울 것이다. 오히려 기술 발달로 위기에 처한 우리의 삶을 반영한 현실적인 주장이라고 생각하는 것이 더 합리적이다. 구글의 비상사태 선언이 우리에게 준 선물이라고 생각한다.

또한 기술 발달이 소득 불평등을 심화할 수 있다는 점에 주목해야 한다. 최근 30~40년 동안 세계의 불평등은 심화했다. 1980년대 중반부터 2017년까지 대다수 선진국에서 지니 계수가 꽤 많이 올랐다(Susskind, 2020). 지니 계수는 소득이 얼마나 고르게 퍼져 있는지를 나타내는 수치로 값이 오르면 불평등이 심해졌다는 것을 의미한다. 그리고 1981년에서 2016년 사이 국민 소득에서 최

상위 1% 소득층의 점유율이 복지 국가를 포함한 대다수 선진국에서 증가했다. 미국과 영국에서는 2배 넘게 늘었다. 특히 미국에서는 같은 기간 상위 0.1%의 소득 점유율은 3.5배 늘었고, 상위 0.01%의 소득 점유율은 5배나 늘었다. 게다가 노동 소득 불평등도 심화했다. 1970년에서 2010년 사이 상위 1%의 노동 소득 점유율은 2배 늘었고, 상위 0.1%는 2.5배, 상위 0.01%는 3.5배 증가했다(Saez & Zucman, 2016). 1995년부터 2015년까지 전체 소득에서 노동자 몫을 나타내는 노동 소득 분배율은 감소했다. 같은 기간 24개국의 생산성은 평균 30% 증가했지만 급여는 16%밖에 오르지 않았기 때문이다(OECD, 2018).

이러한 불평등 심화는 기술 발달이 주요한 원인이다. OECD(2012)는 1990년부터 17년 동안 노동 소득 분배율이 하락한 직접적인 원인의 80%를 기술이 차지한다고 밝혔다. 기술이 노동보다는 자본을 더 많이 이용하는 쪽으로 변화했기 때문에 그렇게 되었다는 것이다.

IMF(2017)도 유사한 주장을 폈는데, 노동 소득 분배율 하락에서 기술이 차지하는 비중을 최소 50%로 제시했다. 이 밖에도 경쟁사보다 생산성이 뛰어나 해당 시장에서 큰 점유율을 차지하고 있는 기술 대기업의 성장도 노동 소득 분배율 하락에 큰 영향을 미쳤다(Autor, et al., 2017). 이런 기업들은 생산량 대비 노동 투입량이 적기 때문이다.

이처럼 인공지능을 기초로 한 최근의 기술 발달은 세상을 뒤흔들고 있다. 세상의 그 어떤 기업도 안전하지 않은 초경쟁 사회가 도래한 것이다. 그리고 미래의 일자리 위협이 현실화되고 있는 세상을 마주하게 된 것이다.

그래도 교육인가?

기술의 발달로 미래의 일자리를 고민하는 사람들, 즉 경제학자, 평론가, CEO, 정치가, 정책입안자들에게 들을 수 있는 가장 흔한 답은 교육이다. 기술 발달로 인한 일자리 문제의 핵심은 숙련 기술이고, 교육과 훈련이 정답이라는 것이다. 일에는 미래가 있지만, 그것이 어떤 미래든지 상관없이 교육이 도움이 된다는 생각은 이 시대의 통념으로 자리 잡았다.

이런 통념은 과거의 역사와 오늘의 모습이 강력하게 뒷받침하고 있다. 산업혁명 이후 경제는 고숙련 노동자를 원했다. 공장에는 유능한 과학자와 기술자가 필요했다. 산업 기술이 지속적으로 발전하면서 공장에서 필요한 전문 지식수준은 획기적으로 높아졌고, 화학자나 엔

지니어들로 공장은 채워졌다. 사무실도 예외가 아니었다. 기업이 성장하면서 운영은 더 복잡해졌다. 기업 경영은 국경을 넘어 확장되었다. 그래서 변호사, 회계사, 재무 관리자에 대한 수요가 급증했다. 마케팅과 홍보 활동의 중요성도 증가하면서 고숙련 노동자로 사무실이 채워졌다.

산업 현장에서 필요한 고숙련 노동자를 충당할 수 있었던 것은 교육 덕분이었다. 일찍이 초등 교육이 확대되었고, 20세기로 넘어오면서 중·고등 교육이 강화되었다. 1940년대 미국에서 중등 교육 이상을 마친 사람은 생산 인구 가운데 약 25%였고, 학사 이상의 학위를 소지한 사람은 약 5%에 불과했다(Avent, 2016). 이후 교육률은 지속적으로 상승해 현재는 미국인 90% 이상이 고등학교를 졸업했고, 약 40%는 대학교 이상을 졸업했다. 다른 나라도 비슷하다. 학사 이상의 학위를 가진 사람의 비율이 영국 39%, 독일 26%, 일본 46%였고, OECD 국가 평균은 약 30%였다. 이처럼 교육은 고숙련 노동자를 산업에 공급하는 것을 통해 빠른 경제 성장을 이끌었고, 성장의 분배를 개선하는 데도 이바지했다. 즉, 고학력-고숙련-고임금의 선순환 고리가 형성되었다.

오늘날에도 교육은 여전히 효율이 높은 경제적 투자

처로 남아있다. 미국에서 대학을 다니려면 학비와 기회비용을 포함해 평균 10만2000달러가 필요하다. 그런데 대학 졸업자의 평생 예상 평균 수입은 고등학교만 졸업한 사람보다 2배 이상 많은 100만 달러다(Moretti, 2012). 평균 수익률로만 보면 약 7%인 주식, 3% 미만의 채권과 부동산 투자보다 높은 15% 이상이나 된다.

다른 지표도 교육의 중요성을 뒷받침한다. 2015년 미국 노동통계국의 자료에 따르면 박사 학위를 가진 사람이 가장 높은 연봉을 받았는데 평균보다 약 2.5배 이상 많았다. 전문 학사 학위 이상을 가진 사람들은 모두 평균 임금보다 많이 받는 것으로 조사되었다(U.S. Bureau of Labor Statistics, 2016). 또한 미국 연방준비제도이사회에서는 2008년 글로벌 금융위기가 닥쳤던 시기 고등학교 졸업장이 없는 노동자들의 실업률은 약 10%p 증가했지만, 학사 학위가 있는 사람들은 3.2%p 증가하는 데 그쳤다고 밝혔다(Schenker, 2020). 그리고 2023년 미국 노동통계국의 자료에 따르면 박사 학위를 가진 사람의 실업률은 1.6%로 낮았지만, 고등학교 졸업장이 없는 사람의 실업률은 5.6%로 가장 높았다. 전문 학사 학위 이상을 가진 사람들은 전부 평균 실업률인 3.0%보다 낮았다(U.S. Bureau of Labor Statistics, 2024).

교육은 미래의 일자리에도 긍정적인 영향을 미친다고 주장한다. 2016년 미국 대통령비서실에서 발행한 보고서 『인공지능과 자동화와 경제(Artificial Intelligence, Automation, and the Economy)』에 따르면 고등학교 졸업 미만 수준을 요구하는 직업 가운데 44%가 자동화될 가능성이 크지만, 학사 학위를 요구하는 직업에서는 1%, 대학원 학위를 요구하는 직업에서는 0%로 나타났다 (Executive Office of the President, 2016).

이처럼 역사적으로 교육은 임금과는 긍정적인 상관관계가 있었고 실업과는 부정적인 상관관계가 있었다. 그리고 이런 역사적 사실에 근거해 교육과 임금 및 교육과 실업의 관계는 앞으로도 계속될 것이라고 주장한다. 어쩌면 가장 현실적인 주장일지도 모른다. 인공지능 기술이 급속히 발전해 미래의 불확실성이 증가하는 상황에서 교육이라도 강화해야 한다는 주장은 일면 타당해 보인다. 그러나 두 가지 측면에서 의문이 든다. 하나는 지금처럼 교육하면 되는가이며, 다른 하나는 교육이 정말로 안전한 피난처가 될 수 있는가이다.

첫 번째 의문에 대한 답은 교육 개혁이다. 지금처럼 교육해서는 변화하는 시대에 부응하지 못한다는 것이다. 개혁의 대상은 교육의 내용과 방법과 시기다. 교육

내용은 기계가 하지 못하는 숙련 기술이 되어야 한다. 이를테면 간호나 돌봄 노동과 관련된 직종을 수행하는 방법, 기계를 설계하고 만드는 방법, 첨단 기술을 이용해 문제를 해결하는 방법 등이다. 앞으로 기계가 하지 못하는 업무가 무엇인지를 정확히 파악하는 것이 풀어야 할 숙제지만, 기계의 영역은 확대되고 인간의 영역은 축소되는 상황에서 장래가 그다지 밝지 않은 것 또한 사실이다. 그리고 교육 방법은 학습자 맞춤형으로 바뀌어야 한다. 교사 한 명이 교실에서 여러 명의 학생을 가르치는 방법은 모두에게 맞는 교육처럼 보이지만 사실은 아무에게도 맞지 않는 비효과적인 교육이다. 물론 오프라인에서의 학습자 맞춤형 교육은 비용이 많이 든다는 단점이 있어 일반화하기 어렵다. 하지만 온라인 학습 방식을 활용하면 효과적인 맞춤형 교육을 저렴하고도 광범위하게 실시할 수 있을 것이다. 또한 교육 시기는 특정 시기로 한정되어서는 안 된다. 인공지능의 능력이 날마다 향상되는 시대에 교육은 언제나 이루어져야 한다. 기존 업무에 도입되는 첨단 기술을 이해하고 응용하거나 새로운 업무를 맡기 위해서는 평생 교육이 필요하다.

두 번째 의문에 대한 답은 간단하지 않다. 우선, 교육이 기술 발달에 대처하는 방법이라고 하더라도 그것이

불가능한 사람들이 있기 때문이다. 타고난 능력의 차이도 영향을 미치겠지만 더 중요한 원인이 있다. 인생의 어느 시점까지 자신의 직업과 관련한 재능과 능력을 다듬은 사람이 어느 순간 인생의 방향을 틀기는 쉽지 않다. 게다가 그런 방향 전환은 수지 타산이 맞지 않는 경우가 대부분이다. 나이 든 사람이 방향을 바꾸는 데는 더 많은 시간과 비용이 들어가지만, 보상을 받을 시간은 매우 짧기 때문이다. 따라서 인간은 무엇이든지 배울 수 있는 존재라며 인간의 능력을 과장하는 태도는 진정한 대안이 아니다. 헛된 꿈에 불과하다.

다음으로, 교육을 받았다고 하더라도 일자리 자체가 부족할 수 있기 때문이다. 기술의 진보로 인간에게 돌아올 일자리가 점점 줄어든다면 교육도 소용이 없게 된다. 교육으로 향상할 수 있는 인간의 생산성은 제한적이다. 반면에 기술 발달로 기계의 생산성이 얼마나 향상될지를 가늠할 수 없는 것이 현실이다. 이러한 현실을 고려한다면 미래의 일자리와 관련해 지나치게 교육에 의존하는 접근은 바람직하지 않다. 교육 너머를 기웃거려 봐야 할 시점이 도래한 것 같다.

이 책의 구성

이 책은 인공지능과 기술 발전이 미래의 노동에 미칠 복합적인 영향을 탐구한다. 각 장은 인공지능이 노동의 본질을 어떻게 변화시키고 있는지를 다양한 측면에서 조망하고, 독자에게 미래의 노동에 대한 깊은 통찰을 제공한다.

제1장 기계화와 말(馬)의 운명: 이 장에서는 19세기 말, 뉴욕과 런던 같은 대도시에서 교통수단으로 사용되던 말이 내연 기관의 발명으로 경제 활동에서 사라진 것처럼, 현대의 기술 발전이 인간 노동의 필요성을 어떻게 변화시킬 수 있는지를 살펴본다. 특히, 과거의 기술 발전이 인간 노동의 필요성을 증대시켰던 역사적 사실을 바탕으로 미래의 노동을 예측해서는 안 된다는 점을 강조하며, 기술 혁신으로 인한 인간 노동의 소멸 가능성에 대해 언급한다.

제2장 AI와 온디맨드 노동: 온디맨드 노동은 인터넷과 모바일 기기의 발달로 급성장한 노동 형태로, 우버와 아마존 플렉스와 같은 플랫폼 기업들이 주도하고 있다. 이 장에서는 플랫폼 경제의 확산이 노동자에게 미치는 법적, 경제적 영향을 심층적으로 분석한다. 노동자들이 겪는 법적 보호의 부족과 독립 계약자로서의 불안정한

지위를 조명하며, 이러한 노동 형태가 실제로 노동자에게 자유를 제공하는지, 아니면 기업의 비용 절감 수단으로 전락하고 있는지를 논의한다.

제3장 AI와 보이지 않는 노동: 이 장에서는 디지털 시대의 자동화 뒤에 감춰진 인간 노동의 현실을 조명한다. 아마존의 온라인 아웃소싱 플랫폼인 엠터크(mTurk)를 중심으로 보이지 않는 노동의 실태를 살펴본다. 특히 저임금과 불안정한 노동환경 속에서 법적 보호를 받지 못하는 노동자들의 실태와 이들이 겪는 심리적 · 육체적 스트레스와 함께, 이러한 디지털 경제가 노동자들의 삶에 미치는 영향을 탐구한다.

제4장 AI와 물류센터 노동: 이 장에서는 세계적인 전자 상거래를 뒷받침하는 아마존과 쿠팡의 물류센터에서 일하는 노동자들의 현실을 다룬다. 자동화와 디지털 기술을 활용한 효율성 추구가 노동자들의 열악한 근무 환경과 높은 임시 계약직 비율, 그리고 야간 노동으로 인한 건강 위협을 어떻게 초래하고 있는지를 분석한다. 기업의 효율성 추구가 소비자에게는 편리함을 제공하지만, 그 이면에는 노동자들의 고통이 감춰져 있음을 강조한다.

제5장 AI와 라스트마일 노동: 라스트마일 노동은 소

비자에게 상품을 전달하는 물류의 마지막 단계를 담당한다. 이 장에서는 UPS와 쿠팡씨엘에스가 디지털 기술을 활용해 배송 효율성을 극대화하는 과정에서 노동자들이 직면하는 통제와 불안정한 노동 환경에 대해 논의한다. 특히 쿠팡의 노동자들이 배송 기한을 맞추지 못하면 일자리를 잃을 위험에 처하는 등 효율성 증대의 이면에 숨어 있는 노동자들의 인간적 삶의 위협을 조명한다.

제6장 AI와 고립 노동: 이 장에서는 기술 발전이 노동 환경을 변화시키면서 나 홀로 노동과 노동자들의 고립감을 증가시키고 있음을 탐구한다. 디지털 기술이 업무의 분산화와 개별화를 촉진함으로써 노동자들이 물리적 · 심리적으로 고립되는 환경을 조성하고, 이로 인해 관계성과 소속감이 약해져 정체성 형성에 어려움을 겪게 되는 과정을 분석한다. 또한 이러한 변화가 사회적 관계의 약화로 이어지는 현상을 살펴본다.

제7장 AI와 노동 감시: 이 장에서는 디지털 기술이 노동자들의 활동을 감시하고 효율성을 극대화하는 수단으로 사용되는 현실을 고찰한다. 출퇴근 시간, 근무 태도, 원격 근무자의 활동까지 감시하는 기술이 노동자들의 사생활을 침해하고 자율성을 훼손하는 문제를 제기한다. 게다가 미래에는 뇌 컴퓨터 인터페이스와 인공지능

기술의 발전으로 인간의 내면까지 감시할 가능성이 제기되는데, 이는 노동자들의 정신과 마음마저도 감시의 대상으로 만든다는 점에서 심각한 윤리적 문제를 발생시킬 수 있음을 논의한다.

제8장 AI와 모라벡의 역설: 모라벡의 역설은 '인간이 쉽게 하는 작업을 컴퓨터는 어려워하고, 반대로 컴퓨터가 쉽게 하는 작업을 인간은 어려워한다'는 점을 강조한다. 이 장에서는 최근의 기술 발전이 이러한 경계를 어떻게 허물고 있는지를 탐구하며, 모라벡의 역설에 대한 재평가와 미래의 일자리에 대한 새로운 접근 방식을 요구한다. 즉, '인간의 고유한 능력은 기계로 대체되지 않을 것'이라는 낙관론에 대해 비판적으로 검토한다.

제9장 AI와 전문직 노동: 인공지능의 급속한 발전은 고숙련 전문직조차도 위협하고 있다. 이 장에서는 과거의 기술 발전은 주로 중간 기술 일자리를 위협했지만, 현재는 고숙련 직업군이 인공지능의 주요 표적이 되면서 고용 불안이 확대되고 있는 현상에 대해 살펴본다. 또한 이러한 노동 시장의 하방 압력은 저숙련 노동자들의 임금 하락과 일자리의 질 저하 등 심각한 사회 문제를 초래한다는 점을 언급하며, 노동 시장에 대한 새로운 접근법의 필요성을 제기한다.

제10장 AI와 기술적 실업: 이 장에서는 기술 발전이 가져오는 기술적 실업의 가능성을 탐구한다. 생산성 증대로 인한 노동력 절감과 새 일자리 창출 사이의 불균형에서 비롯되는 기술적 실업의 개념을 재조명하고, 현재의 기술 발전이 과거처럼 생산성 효과와 파이 효과로 실업을 상쇄시킬 수 있는지를 검토한다.

이 책은 인공지능과 기술 발전이 미래의 노동 세계에 던지는 도전 과제를 깊이 있게 이해하려고 했다. 섣부른 대안보다는 현실을 냉철하게 직시하려고 노력했다. 그래서 기술 발전과 경제의 관계만을 연구의 대상으로 삼았다. 즉, 기술 발전으로 인한 경제적 현상의 변화와 이를 뒷받침하는 논리를 점검하는 데 초점을 맞추었다. 아무쪼록 이 책이 노동하는 사람들에게 조금이나마 도움이 되었으면 한다.

참고문헌

주영재(2024.1.7). 업무만 가르치고 빠져라? AI발 해고 '올 것이 왔다'. 경향신문.
https://www.khan.co.kr/article/202401070900021

한지우·오삼일(2023). 『AI와 노동시장 변화』(BOK 이슈노트 제2023-30호). 한국은행.

Autor, D., et al.(2017). The fall of the labor share and the rise of superstar firms. *The Quarterly Journal of Economics, 135*(2), 645~709.

Avent, R.(2016). *The wealth of humans: Work, power, and status in the twenty-first century.* St. Martin's Press. 안진환 옮김(2018). 『노동의 미래』. 민음사.

Bootle, R.(2019). *The AI economy: work, wealth and welfare in the robot age.* Nicholas Brealey. 이경식 옮김(2020). 『AI 경제』. 세종연구원.

Executive Office of the President(2016). *Artificial intelligence, automation, and the economy.*

Frey, C. & Osborne, M.(2013). The future of employment: How susceptible are jobs to computerization? Working Paper, Oxford Martin.

IMF. *World economic outlook April 2017. Chapter 3. Understanding the downward trend in labor income shares.*

Moretti, E.(2012). *The new geography of jobs.* Houghton Mifflin Harcourt. 송철복 옮김(2014). 『직업의 지리학』. 김영사.

OECD. *Employment outlook 2012. Chapter 3. Labour losing to capital: What explains the declining labour share?.*

OECD. *Employment outlook 2018. Chapter 2. Labour share developments over the past two decades: The role of technological progress, globalization and "winner-takes-most" dynamics.*

Saez, E. & Zucman, G.(2016). Wealth inequality in the United States since 1913: Evidence from capitalized income tax data. *The Quarterly Journal of Economics, 131(2)*, 519~578.

Schenker, J.(2020). *Jobs for robots: Between robocalypse and robotopia.* Prestige Professional Publishing, LLC. 유수진 옮김(2021). 『로봇 시대: 일자리의 미래』. 미디어숲.

Steinbeck, J.(1937). *Of mice and men*. The Heritage Press. 정영목 옮김(2009). 『생쥐와 인간』. 비룡소.

Susskind, D.(2020). *A world without work*. 김정아 옮김(2020). 『노동의 시대는 끝났다』. 와이즈베리.

U.S. Bureau of Labor Statistics(2016). *Occupational employment and wages - May 2015*.

U.S. Bureau of Labor Statistics(2024). "Earnings and unemployment rates by educational attainment, 2023", https://www.bls.gov/careeroutlook/2024/data-on-display/education-pays.htm

01
기계화와 말(馬)의 운명

19세기 말 뉴욕과 런던 같은 대도시에서는 교통수단에 이용하던 말의 똥 문제로 골머리를 앓았다. 내연 기관의 발명으로 문제를 해결했지만 말은 경제 활동의 영역에서 사라졌다. 기술 발전으로 인간도 말의 운명을 따를 수 있다는 우려가 크다. 그런데도 과거의 기술 발전이 인간 노동의 필요성을 증대시켰다는 역사적 사실만으로 미래를 낙관하는 경향이 강하다. 신중한 접근이 필요하다.

AI와 1인 창업?

말똥 대위기

말 한 마리가 하루에 싸는 똥의 무게는 얼마나 될까? 7~13kg으로 인간 대변의 최대 130배에 달하는 엄청난 무게다. 이런 말 수천 마리가 대도시를 누비고 다니면 과연 어떤 일이 벌어질까? 말 전용 화장실을 설치하지 않는 한 길거리에 쏟아지는 말똥 처리가 사회적 문제로 떠오를 것이 분명하다.

19세기 말 뉴욕과 런던 같은 대도시의 거주자들은 말똥으로 골머리를 썩었다(New Yorker, 2009.11.8). 말 수천 마리가 크고 작은 수레나 마차를 끌고 다녔기 때문이다. 작은 마차 한 대를 끄는 데도 교대용과 예비용 각각 한 마리를 포함해 세 마리의 말이 필요했고, 뉴욕의 이동 수단인 말 노면 전차(tram)는 여덟 마리의 말이 끌었으며, 런던의 이층 버스(omnibus)는 열두 마리의 말이 끌고 다녔다.

그러나 말똥 대위기는 생각지도 못한 방식으로 해결되었다. 현대식 내연 기관의 등장으로 말똥은 대도시에서 자취를 감추게 되었다. 뉴욕 거리에는 말보다 차가 더 많아졌으며, 말 노면 전차도 말똥과 함께 사람들의 추억 속으로 사라졌다.

말똥 이야기는 사람들에게 큰 교훈을 남겼다. 아무리

어려운 상황에 직면하더라도 낙관적이고 개방적인 사고를 간직하고 있어야 한다는 것이다. 하지만 똑같은 이야기에서 완전히 다른 교훈을 얻은 사람도 있었다. 노벨 경제학상을 수상한 미국의 경제학자 바실리 레온티예프(Wassily Leontief, 1983)가 그 주인공이다. 그는 수천 년 동안 인간의 경제생활에서 중요한 역할을 담당했던 말이 수십 년 사이에 내연 기관에 밀려났다는 것에 주목했다. 그리고 그런 변화는 인간에게도 일어날 것으로 예측했다. 기술 발전이 경제 활동에서 말을 몰아냈듯이 인간의 일자리도 대체할 것으로 보았다. 그리고 인간을 대신할 주인공으로 컴퓨터와 로봇을 지목했다.

고장 난 레코드판

생산성을 향상하는 새로운 기술의 발전은 노동자에게 환영받지 못했다. 노동자는 자신들의 일자리를 위협하는 새로운 기술 도입에 불안(automation anxiety)을 느꼈고, 강력하게 저항했다. 그 시기는 산업 혁명 이전으로까지 거슬러 올라간다.

필경사(筆耕士)들은 인쇄 기술에 거부감을 드러냈다. 그들은 산업 혁명이 시작되기도 전인 15세기 중엽 유럽에서 인쇄된 성경이 등장하자 악마의 소행이라고 저주

했다(Mokyr, 1992). 기존에는 상상할 수 없었던 많은 양의 복사본을 그렇게 빨리 만들었으니 그럴 만도 했다. 그리고 15세기 네덜란드의 직물 노동자들도 자신들의 일자리를 대체하려는 기계에 나막신을 던지는 방식으로 저항했다. 그 나막신의 이름인 사보(sabot)는 사보타주(sabotage)의 어원이 되었다.

산업 혁명이 한창이던 영국에서는 19세기 초 러다이트(Luddite) 운동이 발생했다. 이 운동의 명칭은 산업 혁명 초기 직조기를 때려 부순 것으로 알려진 직조공 네드 러드(Ned Ludd)의 이름에서 유래했다. 노동자들은 자신들의 일자리를 지키기 위해 기계를 파괴했고, 이런 움직임은 수년 동안 계속되었다.

프랑스에서는 대혁명이 발발했던 1789년 기계 파괴 폭동이 일어났다. 파리의 혁명군이 바스티유 감옥을 공격할 때, 노동자들은 제조업체에 설치된 기계를 파괴했다. 생세베르(Saint Sever)의 교외 제조업체가 공격을 받았고, 칼론 앤 컴퍼니(Calonne and Company)의 기계 30대가 부서졌으며, 루앙(Rouen) 교외에서는 방적기 700대 이상이 파괴되었다(Horn, 2006). 이런 분위기는 1799년까지 계속되었다.

발명가들도 곤욕을 치렀다. 면직물 직조공이었던 제

임스 하그리브스(James Hargreaves)는 1764년 한 명이 여러 개의 방추를 다룰 수 있는 제니 방적기(spinning jenny)를 발명했다(Allen, 2007). 그러나 이웃 노동자들은 그의 기계를 파괴했을 뿐만 아니라 그의 집과 공장도 공격했다. 하그리브스와 동시대 인물인 존 케이(John Kay)는 1733년 직조기의 북을 반자동으로 움직일 수 있는 플라잉 셔틀(flying shuttle)을 발명했다. 하지만 그도 분노한 직조공들의 공격을 받고 간신히 목숨을 구해 달아났다(Susskind, 2020).

그러나 역사적 사실은 이러한 불안이 기우에 불과했다고 증명한다. 새로운 기술이 도입될 때마다 사라지는 일자리도 있었지만, 그보다 더 많은 일자리가 생겨났다. 물론 그 과정이 순탄한 것만은 아니었다. 일자리를 잃은 사람들이 곧바로 새로운 일자리로 옮겨 간 것이 아니었다. 때로는 다음 세대에 그러한 기회가 주어지기도 했다. 그렇다고 하더라도 장기적인 관점에서 보면 기술 발전으로 일자리의 소멸을 걱정했던 불안은 현실화하지 않았다.

기술 발전으로 가장 큰 충격을 받은 산업 부문은 농업이다. 그러나 제조업은 농업에서 사라진 일자리를 대체했고 서비스업은 제조업에서 사라진 일자리를 대체했다. 이러한 변화는 나라마다 정도의 차이는 있지만 산업화를 추진한 나라들의 공통점이다.

대표적인 제조업 분야인 자동차 산업에서는 기술이 발전할수록 오히려 일자리가 늘어났다. 헨리 포드의 조립 공정 생산 방식이 도입되자 자동차 한 대 생산에 400시간 이상 걸렸던 것이 50시간 이하로 줄어들었다. 이러한 생산성 향상은 자동차 가격의 하락으로 이어졌고, 수요를 폭발적으로 늘렸다. 생산 증대의 필요성으로 일자리도 함께 급증했다.

이러한 역사적 사실에 기초해 경제학자들은 기술 발전으로 일자리가 부족해진다는 주장을 '고용 총량의 오류'로 일반화했다. 그들은 일자리의 총량이 정해져 있다고 보는 것은 잘못이며, 따라서 기술 발전으로 생산성이 향상되어 일자리가 부족해진다는 주장도 틀렸다고 비판한다. 기술 발전으로 생산성이 향상되고 노동력이 절약되면 누군가는 일자리를 잃겠지만 또 다른 누군가는 그 절약의 혜택을 누리게 된다. 비용 감소나 상품 가격 하락으로 이득을 본 사람들은 다른 곳에 소비할 여력이 생기고, 그 다른 곳에서 일자리가 생기게 된다고 주장한다.

기술 발전이 일자리 문제에 미친 역사적 사실은 미래의 일자리를 낙관하는 강력한 근거로 작용한다. 기존의 기술 발전이 일자리의 증가를 초래했던 것처럼 인공지능 시대에도 그럴 것이라고 주장한다.

2023년 5월 16일 미국 의회에서는 인공지능의 위험성을 논의하는 회의가 개최되었다. 챗GPT를 개발한 OpenAI의 CEO 샘 올트먼(Sam Altman)은 이 회의에 참석해 '생성형 AI로 인해 몇몇 직업들은 완전히 자동화될 것이며, 이 과정에서 고용에 충격이 있을 수 있지만 기존의 다른 기술 개발이 그랬던 것처럼 미래엔 AI로 인해 더 많은 직업이 생겨날 것이다'라고 전망했다(KBS, 2023. 6.9). 또한 마이크로소프트(MS)의 창업자 빌 게이츠(Bill Gates)도 같은 주장을 했다. 그는 2024년 1월 개최된 다보스 세계경제포럼(WEF)에 참석해 "20세기 초 농업 생산성이 높아지자, 사람들은 '이제 뭘 해야 하나?' 걱정했지만 많은 새로운 것과 새 직업이 생겨난 것처럼 이번에도 그렇게 될 것"이라고 말했다(한겨레, 2024.1.31). 한마디로 기술 발전으로 느끼는 일자리 불안은 '고장 난 레코드판'과 같다는 것이다.

이번에도 똑같을까?

그때도 맞았기 때문에 지금도 맞을까? 아니면 그때는 맞았지만 지금은 틀릴까? 지금 시점에서 확답할 수 있는 사람은 아무도 없다. 레코드판이 고장 난 상태로 계속 제자리만 돌 수도 있고 그렇지 않을 수도 있다. 따라서 과거에 근거해 미래를 낙관할 때는 신중해야 한다.

외삽(外挿, extrapolation)은 과거에 기댄 미래 예측의 위험성을 경고하는 개념이다. 실제 자료가 없는 미지의 공간을 과거 자료에 의지해 채워 나가는 작업이기 때문이다. 그래서 다행히 안정적인 상황이 계속된다면 과거 자료는 미래 예측의 강력한 토대가 될 수 있지만, 만약에 상황이 안정적이지 않다면 과거 자료는 미래 예측에 큰 도움이 되지 못할 것이다. 다시 말해 미래는 과거의 패턴을 따를 수도 있고 그렇지 않을 수도 있다는 것이다.

그런데도 기술 발전과 일자리의 관계를 과거에 근거해 일방적으로 단정 짓는 것은 유용한 시각이라 할 수 없다. 특히 불확실성이 그 어느 때보다 강화되고 있는 현시점에서는 더더욱 그렇다. 거대언어모델을 이용한 자가학습이 가능한 오늘날의 인공지능은 발전 속도와 방향을 가늠하기 어려울 정도다. 이미 인간을 닮은 휴머노이드 로봇이 산업 현장에 투입되고 있다. 메르세데스-벤츠는 2024년 3월 휴머노이드 로봇 아폴로(Apollo)를 자동차 생산 현장에 투입하기로 계약했고(AXIOS, 2024. 3.15), 아마존은 이미 로봇 디짓(Digit) 75만 대를 물류

창고에 투입했다(Agility Robotics, 2024).

인간이 내연 기관에 밀려난 말(馬)의 운명을 따를지를 단정하기는 쉽지 않다. 그러나 인공지능 전문가들조차도 "매우 파괴적일 것"이라고 미래를 경고하고(Hinton, 2024) 있는 마당에 지나친 낙관주의는 경계해야 할 것이다.

참고문헌

구본권(2024.1.31). 'AI 유망직업'일수록 미래가 불안한 '역설'. 한겨레. https://www.hani.co.kr/arti/economy/it/1125390.html

김수연(2023.6.9). "AI가 불러온 인류 최악의 악몽은?"… 과학자들에게 물었다. KBS, https://news.kbs.co.kr/news/pc/view/view.do?ncd=7695316

Agility Robotics(2024). Agility robotics broadens relationship with Amazon. https://agilityrobotics.com/content/expanded-partnership-amazon

Allen, R. C.(2007). The industrial revolution in miniature: The spinning jenny in Britain, France, and India. Oxford University, Department of Economics Working Paper 375.

Hinton, G., et al.(2024). A right to warn about advanced artificial intelligence. https://righttowarn.ai/

Horn, J.(2006). *The path not taken: French industrialization in the age of revolution.* MIT Press.

Kingson, J. A.(2024.3.15). Humanoid robots are joining Mercedes' assembly line. AXIOS, https://www.axios.com/2024/03/15/humanoid-robots-mercedes-apptronik-apollo-automakers

Kolbert, E.(2009.11.8). Hosed. The New Yorker, https://www.newyorker.com/magazine/2009/11/16/hosed

Leontief, W.(1983). Technological advance, economic growth, and the distribution of income. *Population and Development Review, 9(3)*, 403~410.

Mokyr, J.(1992). Technological inertia in economic history. *The Journal of Economic History, 52(2)*, 325~338.

Susskind, D.(2020). *A world without work*. 김정아 옮김(2020). 『노동의 시대는 끝났다』. 와이즈베리.

02
AI와 온디맨드 노동

온디맨드 노동은 소비자가 원하는 상품이나 서비스를 즉시 제공하는 노동을 의미한다. 인터넷과 모바일 기기의 발달로 급성장했으며 플랫폼이 소비자와 노동자를 매개한다. 우버와 아마존 플렉스가 이런 노동을 제공하는 대표적 기업이다. 온디맨드 노동은 노동자에게 자유로운 근무 조건을 제공하는 것처럼 보이지만, 실상은 법적 보호가 부족한 독립 계약자로 분류해 기업의 비용 절감 수단으로 활용된다.

AI와 MBTI?

온디맨드 노동

온디맨드(On-Demand)는 소비자가 요구하는 상품이나 서비스를 즉각적으로 제공하는 경제 활동 방식을 의미한다(김동진 · 양수현, 2023). 다시 말해, 소비자가 모바일 앱을 통해 자신에게 필요한 상품이나 서비스를 주문하면, 온라인 플랫폼에 연결된 불특정 다수 가운데 누군가가 소비자에게 상품이나 서비스를 제공하는 방식이다. 이러한 방식은 인터넷의 발달과 모바일 기기의 보급 확대로 인하여 등장했으며, 현재 다양한 분야에서 널리 활용되고 있다.

온디맨드 노동은 온디맨드 경제에서 소비자의 요구에 즉각적으로 반응해 상품이나 서비스를 직접 제공하는 노동을 의미한다. 이러한 노동은 온라인 플랫폼의 중개로 이루어지며, 전통적인 노동과 달리 일감을 수주할 때마다 고용 관계가 새롭게 형성된다. 또한 종사자는 시간에 얽매이지 않고 편리한 시간에 노동을 제공할 수 있다. 그러나 온디맨드 노동을 제공하는 사람 대부분은 독립계약자로 분류되어 노동자로서 받을 수 있는 법적 보호를 받을 수 없다.

우버(Uber)는 온디맨드 방식을 도입한 대표적인 기업이다. 2009년 창업한 우버는 몇 년 동안은 거의 주목을 받지 못했다. 그러다가 2013년 구글벤처스(Google Ventures, 구글의 투자 조직)가 주축이 된 투자 라운드에서 2억5800만 달러의 투자금을 유치하며 세간의 관심을 끌기 시작했다(Forbes, 2013.8.23).

차량 공유 서비스를 제공하는 기업인 우버는 차량을 사들이지도 직원을 고용하지도 않았다. 대신에 2개의 앱을 만들었다. 고객용 앱과 기사용 앱이 그것이다. 고객이 고객용 앱으로 차량을 요청하면 우버(온라인 플랫폼)는 가까이에 있는 기사들에게 기사용 앱으로 알림을 보낸다. 알림을 받은 기사들 가운데 고객의 요청을 수락(물론 선착순이다)한 기사가 자기 차에 고객을 태워 목적지에 도착한다. 그러면 우버가 결제를 처리하고 수수료를 챙기는 것으로 서비스가 종료된다. 이로써 고객은 저렴하게 차량을 이용했으며, 운전기사는 유휴 차량을 활용해 수입을 올렸고, 우버는 중개 수수료를 챙겼다. 모두가 행복해졌다.

모두의 행복을 위한 우버의 영업 활동은 단조로운 편이다. 승객과 운전기사를 대상으로 하는 마케팅 캠페인이 전부다. 예를 들어 새로운 지역으로 진출할 때 승객들에게 최대 2주 또는 최대 20회 무료 시승 기회를 제공하거나 그 지역의 유명 인사를 최초 탑승객으로 초대한다

(Kessler, 2018). 운전기사들을 끌어들이기 위해서는 '교대 근무도 없고 직장 상사도 없으며 아무런 제약이 없다'는 광고를 통해 '자유로운 사업가'의 이미지를 전달한다. 우버는 제휴 마케팅 프로그램, 즉 지인을 기사로 영입하면 200달러 정도의 보너스를 지급하는 방식을 이용해 소규모 사업가(그래 봐야 염가의 열렬한 영업 사원일 뿐이다)의 이미지를 강화한다(Uber Blog, 2014.10.13). 또한 우버는 높은 기대 수익을 내세우며 자사의 기준에 맞는 차량을 렌트하거나 리스 하도록 기사들을 유도한다.

그러나 우버 기사들의 행복도는 그리 높지 않다. 왜냐하면 그들은 직원이 아닌 독립 계약자로 분류되어 노동자로서의 정당한 권리를 보장받지 못하기 때문이다(The New York Times, 2018.4.30). 직원으로 분류되는 노동자는 업무 중 휴식 시간에 대해서도 임금을 받고 차별금지법의 보호도 받으며, 쉽게 해고되지도 않고 퇴직 시 퇴직금과 실업 급여도 받는다. 반면에 독립 계약자는 이런 권리를 누릴 수 없다. 이것은 대부분 국가에서 대동소이하다.

또한 독립 계약자는 자신의 노동과 관련된 모든 것들을 직접 처리해야 한다. 우버 기사들도 차량과 연료는 물론이고 방향제까지도 모두 자비로 조달한다. 건강보험

료도 본인이 전액 부담하고, 납세를 비롯한 사업가에게 요구되는 모든 의무도 자신이 책임진다. 기사들이 독립 계약자로서 모든 책임을 지는 덕분에 우버는 해마다 수십억 달러의 비용을 절감할 수 있었다(Forbes, 2015. 6.18).

물론 우버의 이런 전략이 독창적인 것은 아니다. 비용을 절감하려고 될 수 있으면 직원을 직접 고용하지 않으려는 경영계의 풍토를 디지털 시대에 접목했을 뿐이다. 실리콘밸리 기업들은 우버가 등장하기 훨씬 전부터 비용과 책임을 줄이려고 직원을 독립 계약자, 하청 노동자, 임시 노동자로 대체해 왔다. 우버가 설립된 2009년에도 벌써 대부분의 택시 기사와 미국인 13% 정도는 자영업자나 독립 계약자로 일하고 있었다(Matthew, et al., 2010).

노동의 우버화

고객이 지금 당장 가져오라고 요구하면 응할 수 있는 품목에는 어떤 것이 있을까? 자동차를 5분 만에 대령하는 우버의 성공을 보고 사람들은 우버화의 대열에 동참하기 시작했다(Medium, 2016.4.23). '배달 분야의 우버 ○○○', '정원관리 분야의 우버 ◇◇◇', '청소 분야의 우버

ㅁㅁㅁ' 등등. 우버화의 열풍이 불었다. 서비스를 제공하는 노동자를 독립 계약자로 분류해 회사의 부담을 최소화하는 방식으로 비용 절감 효과를 보려는 업체들이 우후죽순으로 생겨났다. 우버식 노동의 일반화, 즉 노동의 우버화가 강하게 진행되고 있다.

우버화의 대표로 아마존 플렉스(Amazon Flex) 서비스를 꼽을 수 있다. 이 서비스는 개인이 자신의 차량을 사용해 아마존의 주문 상품을 배송할 수 있도록 한 것이다. 우버가 택시 시장 혁신에 활용한 모델을 아마존이 물류 배송에 도입한 것이다.

아마존 플렉스는 개인 차량을 소유한 사람들이면 누구나 택배 기사로 등록할 수 있는 앱이다(Altenried, 2021). 간단한 신원 조회를 거쳐 합격하면 독립 계약자로 일을 시작할 수 있다. 전체 업무 과정은 모바일 앱을 통해 진행된다. 우선 앱에서 교대 근무(1~5시간 배송 블록)를 등록하면, 근무 시작 전에 배달할 상품을 받을 위치를 알려 준다. 물류센터에서 자신이 배달할 상품을 받은 뒤 앱에 표시된 경로를 따라 배송을 하고, 앱에서 배송 완료 승인이 나면 일이 마무리된다. 물론 이 앱은 노동 과정 전반을 관리하고 성과를 평가하기 위한 많은 지표(고객의 피드백 등)를 동시에 생성하도록 설계되어 있어서 배송 기사에 대한 관리와 통제에 사용된다.

아마존은 플렉스 서비스를 위해 지나치게 많은 배송 기사와 계약을 맺는다고 비난을 받고 있다. '지나치다'라는 말은 주관적인 표현이긴 하다. 불안정한 일감 배정을 둘러싸고 치열한 경쟁을 벌여야 하는 기사들 처지에서는 분명히 지나치다. 그러나 불안정한 고객 수요에 유연하게 대처해야 하는 아마존 처지에서는 그렇게 지나치다고 할 수 없다. 충분한 기사를 확보하는 것이 시장의 변동성에 더 잘 대응할 수 있기 때문이다. 이러한 현상은 앱 기반 알고리즘을 통해 독립 계약자들을 관리해야 하는 온디맨드 기업에서는 흔한 일이다.

하지만 기사들은 불만을 쉽사리 표출하지 못한다. 아마존이 독립 계약자 신분인 이들을 쉽게 해고할 수 있기 때문이다. 법적 보호를 받지 못하는 독립 계약자이기에 가능한 일이다. 오히려 아마존은 이러한 점을 기사들을 통제하는 수단으로 활용한다. 기사들이 고객의 요구에 적극적으로 호응하도록, 아마존 플렉스의 정책을 잘 수용하도록, 그리고 더 많은 일감을 얻기 위해 평가 등급을 높이도록 압박한다.

그리고 독립 계약자 처지에 있는 기사들은 저임금에 시달린다. 기사들의 명목 수입은 시간당 18~25달러다.

하지만 실질 수입은 18달러보다 훨씬 낮아 최저 임금에 미치지 못하는 경우도 드물지 않다(ABC News, 2021. 8.28). 명목 수입에서 기름값, 차량 유지비, 운전자 보험, 세금, 사회 보장금 등을 독립 계약자인 기사들이 부담해야 하기 때문이다. 반면에 아마존은 기업이 부담해야 하는 경제적 비용과 법적 책임을 독립 계약자들에게 전가함으로써 막대한 이윤과 우월적 지위를 누리고 있다.

온디맨드 서비스는 소비자 편리의 극대화와 자유로운 노동에 기초한 수익 창출을 기치로 등장했다. 그러나 실제 모습은 노동자를 독립 계약자로 취급하면서 비용을 절감해 이윤을 극대화하는 경영 방식에 더 가깝다. 그런데 앞으로 더 많은 사람이 온디맨드 시장으로 흡수될 것이다. 인공지능의 발달로 일자리를 잃은 사람들이 손쉽게 접근할 수 있는 일거리이기 때문이다. 독립 계약자의 지위 약화가 더 우려되는 상황이다.

참고문헌

김동진·양수현(2023). 온디맨드 O2O서비스의 특성이 고객만족 및 지속이용의도에 미치는 영향: 신선식품 배송 서비스를 중심으로. ≪산업혁신연구≫, 39(4), 40~49.

Altenried, M.(2021). *The digital factory: The human labor of automation*. University of Chicago Press. 권오성·오민규

옮김(2023). 『디지털 팩토리: 디지털 자본주의 시대, 보이지 않는 노동』. 숨쉬는책공장.
Bersin, J.(2016.4.23). The Uberization of work: Is it real? is it good?. Medium, https://medium.com/@josh_bersin/the-uberization-of-work-is-it-real-is-it-good-47d0399d2519
Geron, T.(2013.8.23). Uber confirms $258 million from Google ventures, TPG, looks to on-demand future. Forbes, https://www.forbes.com/sites/tomiogeron/2013/08/23/uber-confirms-258-million-from-google-ventures-tpg-looks-to-on-demand-future/
Kessler, S.(2018). *Gigged: The end of the job and the future of work*. St. Martin's Press. 김고명 옮김(2019). 『직장이 없는 시대가 온다』. 이코노미스트.
Matthew, D., Susan, H., & Anne, P.(2010). What do we know about contracting out in the Unites States? Evidence from household and establishment surveys. In G. A. Katharine, R. S. James, & H. Michael(Ed.), *Labor in the new economy*(pp. 267~304). University of Chicago Press.
McGrath, P., Smiley, M., & Chalmers, M.(2021.8.28). Amazon Flex delivery drivers tell of insecurity, low pay and safety concerns in 'uber for parcels' scheme. ABC News, https://www.abc.net.au/news/2021-08-29/amazon-flex-delivery-drivers-voice-safety-concerns/100404498
Scheiber, N.(2018.4.30). Gig economy business model dealt a blow in California ruling. The New York Times, https://www.nytimes.com/2018/04/30/business/economy/gig-economy-ruling.html
Tracy, A.(2015.6.18). The massive cost Uber faces if all drivers

become employees. Forbes,
https://www.forbes.com/sites/abigailtracy/2015/06/18/the-massive-costs-uber-faces-if-all-drivers-become-employees/

Uber Blog(2014.10.13). Refer and earn! $100 is now $200 with a $2,500 prize up for grabs!.
https://www.uber.com/en-AU/blog/brisbane/refer-and-earn-100-is-now-200-with-a-2500-prize-up-for-grabs/

03
AI와 보이지 않는 노동

18세기 주목받았던 체스 자동 기계인 미케니컬 터크는 기계 안에 사람이 숨어 있었다. 오늘날 아마존의 온라인 아웃소싱 플랫폼이 이 이름을 물려받았다는 것은 디지털 자동화 뒤에 감춰진 인간 노동의 현실을 상징적으로 보여 준다. 디지털 시대에도 인간 노동은 필수지만 노동자들은 저임금, 불안정한 노동, 심리적 · 육체적 스트레스를 경험하면서도 법적 보호를 받지 못하고 있다.

AI와 난임 극복?

미케니컬 터크

미케니컬 터크(Mechanical Turk)는 18세기 후반에 만들어진 자동 체스 기계다(Aytes, 2013). 겉으로 보기에 이 장치는 마치 스스로 체스를 두는 것처럼 보였지만, 사실은 내부에 사람이 숨어서 체스를 두었다. 이 기계는 여러 나라에 소개되어 많은 사람을 놀라게 했다. 오늘날 미케니컬 터크라는 용어는 주로 아마존 미케니컬 터크(엠터크, MTurk) 웹 서비스를 지칭한다. 그런데 속임수로 사람들을 놀라게 했던 기계의 이름이 어떻게 아마존의 웹 서비스 이름이 되었을까?

아마존은 2000년에 온라인 마켓플레이스(online marketplace)라는 플랫폼을 구축한다. 아마존뿐만 아니라 제3의 판매자도 이 플랫폼을 이용할 수 있게 했다. 그렇다 보니 제3의 판매자가 올리는 상품의 적절성을 평가해야 했다. 비용 문제 때문에 소프트웨어를 만들어 해결하려 했으나 실패한다. 그래서 만들어진 플랫폼이 엠터크다. 인터넷 이용자들에게 외주를 주어 해결하는 방식이다. 적절성이 명확히 확인되지 않은 상품의 이미지를 엠터크에 올리면 전 세계에 흩어져 있는 엠터크 회원들이 선착순으로 일을 처리한다. 인공지능이 판별하지 못하는 상품의 적절성을 판단해 주는 대가로 건당 아주 적은 금액을 받게 된다.

아마존은 엠터크의 영업 방식을 유료화해 다른 사업자들에게도 이용할 수 있도록 했다. 이용료를 내면 누구나 온라인 아웃소싱을 이용할 수 있도록 플랫폼을 개방했다. 사진 분류, 텍스트의 맞춤법 교정, 제품을 설명하는 짧은 글, 홈페이지 소개 글 등이 필요한 사람들이 엠터크를 이용하기 시작했다.

아마존이 자신들의 온라인 아웃소싱 플랫폼의 이름을 미케니컬 터크라고 명명한 것은 매우 상징적이다. 실제로는 사람이 조작했던 체스 자동 기계처럼 오늘날 디지털 세상의 자동화도 수많은 인간의 노동에 의존하고 있지만, 미케니컬 터크가 사람의 존재를 숨긴 것처럼 오늘날의 자동화도 인간 노동을 숨기고 있다. 화려한 디지털 자동화의 이면에 저렴한 인간 노동이 있다는 것을 감추는 데 이보다 더 적절한 이름을 찾기는 어려울 것이다.

크라우드 워크

크라우드 워크(Crowd Work)는 엠터크와 같은 플랫폼에서 중개하는 노동을 지칭한다. 의뢰인이 플랫폼에 일거리를 의뢰하면, 플랫폼에 가입된 회원들이 각자의 디지털 기기를 이용해 일거리를 완수한다. 따라서 인터넷에 접속할 수 있는 곳이면 어디에서나 아무 때나 작업이 가능하다. 이처럼 노트북이나 스마트폰과 같은 디지털 기기를 이용해서 원격으로 작업하는 다수에게 아웃소싱하는 노동을 크라우드 워크라고 한다.

크라우드 워크는 다양한 영역에서 디지털 세상의 자동화에 이바지하고 있다. 페이스북이나 트위터 같은 소셜 미디어 플랫폼에 사용자들이 올리는 모든 콘텐츠를 기업들이 일일이 자동으로 확인할 수는 없다. 신체를 찍은 사진을 성인물 등급으로 솎아 내야 하는지, 아니면 일반 등급 사진이므로 그대로 두어야 할지, 또는 메시지의 내용이 해로운 표현인지 아닌지를 판단하기 어려울 때가 있다. 이때 엠터크 같은 플랫폼을 이용하는 누군가에게 이 사진의 등급 판정을 의뢰함으로써 해로운 콘텐츠가 없는 소셜 미디어를 만들어 가고 있다(Gray & Suri, 2019).

생성형 인공지능 챗GPT의 개발과 발전에도 크라우드 워크가 중요한 역할을 한다. 챗GPT는 인공 신경망(artificial neural networks)을 기반으로 한 기계학습 기술인 딥러닝(deep learning)으로 탄생했다. 그런데 딥러닝을 위해서는 학습 풀(pool)이 준비되어야 한다. 우리가 수영을 배울 때 바다가 아니라 풀에서 배우는 것처럼 딥러닝도 학습에 필요한 풀이 있어야 한다. 학습 풀을 만들기 위해서는 선별 작업이 필요하다. 학습에 필요한 자료인지 아닌지를 구분해야 하기 때문이다. 이러한 작업은 엠터크 같은 플랫폼을 통해 학습 자료를 선별하는 인간 노동에 의존한다(Appen).

자율주행차를 개발하는 데도 보이지 않는 인간의 노동이 중요한 역할을 한다. 안전한 차량 주행과 관련된 엄청나게 많은 정보를 분류하고 필요한 자료에 라벨을 붙이는 작업을 크라우드 워크 플랫폼을 통해 인간이 하게 된다. 이렇게 분류된 자료는 자율주행차의 학습에 활용된다. 얼마나 많은 학습 데이터를 확보할 수 있는지가 자율주행차 개발 속도를 결정한다고 해도 지나친 말이 아니다.

이처럼 인간의 노동은 보이지 않는 곳에서 디지털 기술의 자동화에 크게 이바지하고 있다. 그런데도 그런 역할에 걸맞은 대우를 받지는 못한다. 오히려 법률의 사각지대에서 불공정, 불안정, 저임금, 스트레스에 시달리고 있다.

크라우드 워크의 결과물에 대한 대금 지급 여부는 의뢰인이 결정한다. 의뢰인의 평가 기준에 부합하지 않으면 노동에 대한 대가를 받을 수가 없다. 심지어 엠터크에서는 대가를 지급하지 않아도 결과물에 대한 소유권을 의뢰인이 소유하게 된다. 반면에 작업자의 이의 신청은 사실상 불가능한 구조로 되어 있다. 우선, 플랫폼 차원에서 의뢰인과 작업자 사이의 연락을 차단하고 있다. 플랫폼에서는 둘 사이에 직접 연결이 안 되도록 기술적으로 차단할 뿐만 아니라, 작업자와의 계약에서도 구매자에게 이의를 제기하지 못하도록 해 놓았다. 다음으로, 의뢰인의 추가 비용 부담이라는 문제 때문에 이의 신청을 받을 수 있는 장치가 마련되어 있지 않다. 저비용으로 일 처리를 하기 위해 플랫폼을 이용하는 의뢰인의 처지에서는 합리적인 선택이라고 할 수 있다. 마지막으로 작업자는 낙인 효과 때문에 이의 신청을 꺼리게 된다. 부정적인 평가가 강화되면 다음의 일거리 획득에 불이익을 당할 수 있다. 다소 억울한 점이 있더라도 적극적으로 불만 표출을 못 하게 되는 이유다.

크라우드 워크는 노동의 불안정성을 극대화한다. 전통적인 산업에서의 노동 불안정성은 1년 단위나 6개월 단위의 계약 노동의 문제점으로 많이 지적되었다. 하지만 온라인 플랫폼이 중개하는 크라우드 워크는 그런 기간이 무의미할 정도로 불안정하다. 사실상 플랫폼에 접속해 작업하는 동안만 계약 상태에 있는 것이다. 계약 체

결과 해지가 무한 반복된다. 계약상 지위도 노동자가 아니라 개인 사업자다. 그래서 법률이 보장하는 노동자의 권리를 전혀 누리지 못한다. 단체 활동도 어려우며 심지어 작업에 필요한 도구도 스스로 구매해야 한다.

크라우드 워크는 저임금 노동으로 분류된다. 영수증 이미지를 보고 영수증의 사업을 식별해 주면 2센트를 받는 식의 일거리가 대부분이기 때문에 숙달되더라도 10시간을 일해야 40달러 정도를 벌 수 있다. 2017년 국제노동기구에서 주요 플랫폼의 평균 임금을 시급으로 조사한 결과에 따르면, 유급 노동 기준으로는 4.43달러지만, 작업에 필요한 무급 노동 시간을 포함할 경우는 3.29달러로 떨어졌다(Berg, et al., 2018). 같은 해 한국의 최저 임금인 6470원에도 미치지 못하는 수준이다. 게다가 임금의 지역 차이도 심하다. 엠터크 노동자의 시간당 소득 중간값이 미국에서는 4.65달러지만, 인도에서는 1.65달러로 조사되었다(Berg, 2016).

크라우드 워크 플랫폼에서 일하는 노동자들은 육체적 · 심리적 스트레스로 고통받고 있다(Kessler, 2018). 작업의 특성상 마우스를 많이 사용하게 되는데, 손목에 결절종(ganglion cyst)이 생기기도 하고, 이를 내버려둬서 반복 사용 긴장성 손상 증후군(repetitive strain injury)으로 진전되기도 한다. 휴식이 절실히 필요하지만, 이들은 법적 노동자가 아니어서 재해 보상금도 받을 수 없고, 유급 병가도 갈 수 없을 뿐만 아니라 당장 돈이 필요한 사람이 많으므로 대부분 보호대를 차고 계속 마우스를 클릭하게 된다. 그리고 일반 직장에서라면 주의와 사전 동의가 필요할 만큼 심적으로 고통스러운 일도 아무런 경고 없이 맡게 되기도 한다. 폭발물에 연결된 채로 무릎을 꿇고 죽음을 기다리는 인질과 이미 처형된 인질들의 잘린 머리가 담겨 있는 바구니가 있는 이슬람국가(ISIS) 동영상의 화면 캡처, 그리고 적나라한 동물 학대 사진이 그저 '성인물'이라는 표지만 붙은 채로 작업물로 제시되기도 한다. 이런 작업은 일반적으로 작업자의 심리적 스트레스를 증가시킨다.

참고문헌

Altenried, M.(2021). *The digital factory: The human labor of automation*. University of Chicago Press. 권오성·오민규 옮김(2023). 『디지털 팩토리: 디지털 자본주의 시대, 보이지 않는 노동』. 숨쉬는책공장.

Appen. https://www.appen.com/ai-data, accessed December 22, 2024.

Aytes, A.(2013). Return of the crowds: Mechanical Turk and neoliberal states of exception. In T. Scholz(Ed.), *Digital labor: The internet as playground and factory*(pp. 79~97). London: Routledge.

Berg, J.(2016). *Income security in the on-demand economy: Findings and policy lessons from a survey of crowdworkers.* International Labour Office.

Berg, J., Furrer, M., Harmon, E., Rani, U., & Silberman, S.(2018). *Digital labor platforms and the future of work: Towards decent work in the online world.* International Labour Office.

Gray, L. & Suri, S.(2019). *Ghost work: How to stop Silicon Valley from building a new global underclass.* HighBridge, a division of Recorded Books. 신동숙 옮김(2019). 『고스트워크: 긱과 온디맨드 경제가 만드는 새로운 일의 탄생』. 한스미디어.

Kessler, S.(2018). *Gigged: The end of the job and the future of work.* St. Martin's Press. 김고명 옮김(2019). 『직장이 없는 시대가 온다』. 이코노미스트.

04
AI와 물류센터 노동

아마존과 쿠팡의 물류센터는 세계적인 전자상거래를 뒷받침하는 중요한 인프라다. 이들 물류센터는 자동화와 디지털 기술을 활용해 물품 분류와 배송을 최적화한다. 하지만 물류센터에서 일하는 노동자들은 열악한 환경에 놓여 있다. 임시 계약직 비율이 높고, 야간노동으로 건강이 위협받고 있다. 이처럼 기업의 효율성 추구와 소비자의 편리함 뒤에는 노동자들의 고통이 감춰져 있다.

AI와 사주?

아마존의 풀필먼트센터

아마존은 온라인 도서 판매에서 시작해 세계적인 기업으로 성장했다. 아마존 비즈니스 모델의 핵심인 쇼핑 플랫폼에서는 세상의 모든 것을 판매한다. 풀필먼트센터로 불리는 아마존의 물류센터는 쇼핑 플랫폼을 뒷받침하는 중요한 기둥이다. 모든 것을 완수할 수 있다는 의미를 담고 있는 풀필먼트센터에서는 자신들이 주문한 제품을 얼마나 빨리 분류해 정리할 수 있느냐, 또 온라인으로 주문받은 제품을 얼마나 빨리 찾아서 배송할 수 있느냐에 사활을 건다.

아마존은 전 세계에 수백 개의 풀필먼트센터를 운영하고 있다. 축구장 10개 크기, 6만5000㎡가 표준 크기이며, 이곳에서 보통 1000명에서 4000명의 직원이 5시 30분부터 23시 30분까지 교대 근무한다(Altenried, 2021). 독일 센터에서는 심야 교대조가 없지만 영국 센터에서는 심야 교대조가 표준 운영의 일부처럼 되어 있다. 이처럼 구체적인 운영은 지역과 상황에 따라 조금씩 다르다. 물류센터가 위치한 지역은 대개 임대료가 싸고 임금이 낮은 지역이다. 노동자 대부분은 임시 계약직으로 근무하며 6개월 단위로 계약이 갱신된다. 계약은 최대 3년까지 연장할 수 있고, 이후에는 정규직으로 전환되거나 해고를 당한다. 물론 정규직 전환 비율이 매우 낮아서 대부분은 일자리를 잃게 된다(Forbes, 2022.4.21).

아마존의 반노조 정서는 세계적으로 유명하다. 종업원 평의회 활동을 빌미로 계약을 갱신하지 않기도 했고, 노동조합을 조직하는 활동을 노골적으로 방해하기도 했다. 노동자들의 요구를 무력화시킬 목적으로 물류센터를 이전한다고 협박하기도 했고, 실제로 그렇게 하기도 했으며, 더 많은 자동화 관련 보도 자료를 언론에 뿌려 노동자들의 일자리를 위협하기도 했다. 2022년 4월, 30년 만에 세계에서 첫 아마존 노동조합이 결성되었지만 노동자들의 처우는 크게 달라지지 않고 있다(BBC, 2022.4.2).

이제 풀필먼트센터 안으로 들어가 보자. 센터 내부의 작업은 매우 단순하다. 우선 입고된 물품을 바코드로 스캔하고 '토트(totes)'라고 불리는 노란색 플라스틱 통에 담아 선반에 분류한다. 아마존은 무작위 보관(random storage) 시스템을 이용하므로 소프트웨어만이 각 상품의 보관 위치를 정확히 알고 작업자를 해당 위치로 안내한다(AJOT, 2019.6.24). 이제 주문이 들어오면 상품을 피킹(picking)하기 위해 피커(picker)는 휴대용 스캐너의 지시에 따른다. 피커는 물품을 가져와 스캔한 뒤 카트에 올려놓는다. 물류센터 안에서는 이런 작업이 되풀이 된다.

아마존은 단순 작업에서 효율성을 극대화하기 위해 다양한 방식을 사용한다. 2004년 아마존이 특허 출원한 "시간 기반 창고 이동 지도" 소프트웨어는 풀필먼트센터 내부의 피커들을 추적해 물류센터 공간에 시간 지도를 생성할 수 있다. 피커들이 이동하는 데 걸리는 시간을 집계해 지도를 만들고, 이를 물류센터의 알고리즘 노무 관리의 기초로 삼아 직원들의 성과 평가나 물품의 피킹 예약 및 창고 내 물품 보관과 정리 등에 활용한다(Janert, et al., 2007). 이러한 지도는 물류센터를 시간의 흐름을 최적화하는 알고리즘으로 조직된 "타임스케이프(time-scape)"로 만든다(Lyster, 2016).

그 결과 소프트웨어가 물류센터 피커들의 공간 통과 경로를 지배하게 되고, 피커에게는 어떠한 자율도 허용되지 않게 된다. 아마존 풀필먼트센터의 노동자들은 디지털 기술의 손발이 되어 컴퓨터 시스템의 유기체로의 변신에 동원된다. 아마존 영국 물류센터에 근무하는 한 관리자는 이러한 피커들을 "일종의 로봇 … 한마디로 인간 자동화"라고 충격적인 증언을 했다(Financial Times, 2013.2.8).

피커는 아마존 물류센터에서 가장 힘든 일을 하는 노동자다. 그들은 시간당 60~180건의 피킹 목표를 부여받고, 하루 근무 중 20킬로미터 이상을 걷기도 한다(Altenried, 2021). 관리자는 스캐너를 통해 모든 직원의 성과를 세세하게 파악하고 수시로 작업 속도를 높이려고 시도한다. '모든 직원이 평균보다 더 나은 성과를 내야 한다'는 불가능한 요구로 끊임없는 가속화를 추구한다. 동료와의 대화나 사소한 작업 규율 위반도 작업 속도를 떨어뜨린다는 이유로 금지된다. 위반 시 질책을 받으며 재계약에서 탈락할 수도 있다.

쿠팡의 물류센터

쿠팡은 한국의 대표적인 전자 상거래 회사다. 자체 쇼핑 플랫폼을 운영하는 쿠팡의 활성 고객은 2023년 4분기 2100만 명에 달한다. 한국인 2.5명 중 1명이 쿠팡을 사용하고 있다. 쿠팡의 전체 직원 수는 약 6만 명으로 삼성전자와 현대차에 이어 국내 3위에 해당한다. 2023년 매출액은 31조4천억 원으로 이마트의 매출액 29조5천억 원보다 많았다. 국내 1위 유통 기업이 된 것이다.

쿠팡이 보유한 물류센터는 전국에 30여 개로 24시간 운영되고 있다. 이곳에서 4만여 명의 노동자들이 3개 조

(주간조, 오후조, 심야조)로 나뉘어 교대 없이 고정 근무한다. 공공운수노조 전국물류센터지부에서 2024년 1월에 조사(쿠팡 물류센터 노동자 435명)한 바에 따르면 52.2%가 12개월 단위 계약직이거나 일용직으로 불안정한 고용 형태가 절반을 넘었다(한겨레, 2024.1.31).

쿠팡의 주력 배송인 새벽 배송과 로켓 배송을 위해 야간에 많은 노동자가 일하고 있다(뉴스타파, 2023.8.17). 저녁 7시부터 새벽 4시까지의 오후조와 밤 9시부터 새벽 6시까지의 심야조에서 근무하는 노동자는 야간 노동자다. 이들의 정확한 숫자는 쿠팡에서 공개하고 있지 않지만, 산업안전보건법에 따라 야간 노동자 특수건강진단을 받은 쿠팡 노동자는 2022년 기준으로 최소 2만 명 이상인 것으로 파악되었다. 특히, 쿠팡은 효율성 증대와 인건비 절감을 이유로 교대제를 시행하지 않고 야간 고정 근무제를 고수하고 있어 다른 업종보다 야간노동이 심각한 상황이다.

그런데 야간노동은 세계보건기구(WHO) 산하 국제암연구소에서 2019년 2급 발암물질로 분류했다(오마이뉴스, 2021.9.3). 야간노동이 유방암, 전립선암, 대장암, 직장암과 양의 상관관계를 보인다고 밝혔다. 또한 야간노동은 뇌심혈관계질환(뇌경색, 뇌출혈, 협심증 등) 위험을 많게는 30~40%까지 높이고, 고혈압과 당뇨와 수면장애 위험을 키우는 것으로 알려져 있다. 쿠팡 물류센터 노동자의 건강이 심각하게 우려된다.

쿠팡 물류센터 내부가 노동자들에 의해 공개된 적은 거의 없다. 회사에서 기록 금지 구역으로 설정하고 있기 때문이다. 작업장 입구마다 금속 탐지기를 설치해 모든 전자 기기의 반입을 차단한다. 적발 시에는 징계를 받는데 계약 해지의 사유가 될 수 있어서 노동자들은 내부를 기록하고 공개할 엄두를 낼 수 없다.

한국의 심층 탐사 보도 언론 뉴스타파의 잠입 취재로 쿠팡 물류센터의 내부가 일부 공개되었다. 물류센터 노동자로 취업한 기자의 눈을 따라가 보자(뉴스타파, 2023.8.17).

쿠팡은 물류센터 건물을 복층 구조로 만들었다. 1개 층을 3개 층으로 쪼개어 만든 복층 구조는 물품 적재의 효율성을 2~3배 높일 수 있다. 하지만 층높이가 낮고 내부 밀집도가 높아 더위와 추위에 취약할 수밖에 없다. 물류센터 노동자들이 폭염과 혹한에 시달리는 이유다. 또한 휴게실은 비좁고 먼 곳에 있어 휴식 시간 동안 사실상 이용할 수 없는 상황이다. 더위로 갑자기 밀려오는 현기증을 식염 포도당으로 견뎌야 했고, 하루 약 22킬로미터를 걸으며 일했다.

쿠팡 물류센터 내부의 작업은 아마존 풀필먼트센터에서의 작업과 유사했다. 물류센터에 적재된 물품에서 고객이 주문한 상품을 찾아 컨베이어 벨트에 실어 보내는 '출고 집품'이 주된 업무였다. 휴대용 PDA 단말기가 지시하는 대로 찾아야 할 상품이 있는 곳으로 이동해 바코드를 찍어 컨베이어 벨트에 실어 보내는 작업을 되풀이했다.

현장 관리자의 작업을 재촉하는 방송과 PDA 단말기에서 작업 속도를 높이라는 신호('긴급')에 따라 작업 속도는 점점 더 빨라졌다. 관리자들은 노동자들의 작업 횟수를 전산을 통해 확인할 수 있다. 어떤 노동자가 1시간에 몇 개를 처리하는지를 알고 있다. 그래서 속도를 따라가지 못하는 노동자는 호출을 받아 경위서를 작성하거나 매니저 면담을 받을 수도 있다. 일자리를 잃을 수도 있는 상황이므로 노동자들은 작업 속도를 따라가려고 최선을 다한다. 또 자리를 비우고 잠시 화장실에 다녀오는 것도 관리자들이 파악하고 있어서 화장실 출입도 자유롭지 못한 환경에서 작업에만 몰두해야 한다. 아마존 풀필먼트센터에서의 효율성 증대를 위한 끊임없는 가속화 논리가 쿠팡 물류센터에서도 그대로 적용되고 있었다.

참고문헌

이조은(2021.9.3). '야간노동'은 2급 발암물질이다. 오마이뉴스, https://www.ohmynews.com/NWS_Web/View/at_pg.aspx?CNTN_CD=A0002759100

장현은(2024.1.31). 쿠팡 물류센터 노동자 80% "더위·추위·먼지로 심각한 위협 느껴". 한겨레, https://www.hani.co.kr/arti/society/labor/1126726.html

홍주환(2023.8.17). [쿠팡은 바뀌지 않는다] ① '40도'의 찜통…사람이 쓰러진다. 뉴스타파, https://newstapa.org/article/NBt-C

홍주환(2023.8.17). [쿠팡은 바뀌지 않는다] ② 당신이 잠든 사이…노동자는 병든다. 뉴스타파, https://newstapa.org/article/F_rGs

Altenried, M.(2021). *The digital factory: The human labor of automation*. University of Chicago Press. 권오성·오민규 옮김(2023). 『디지털 팩토리: 디지털 자본주의 시대, 보이지 않는 노동』. 숨쉬는책공장.

Buxbaum, P.(2019.6.24). Amazon's warehouse: The power of randomness. AJOT, https://www.ajot.com/premium/ajot-amazons-warehouses-the-power-of-randomness

Janert, P. K., Shakes, J. J., Hanssens, N. M., & Hodge, D. R.(2007). Time-based warehouse movement maps. US Patent 7243001 B2. Amazon Technologies, Inc., https://patents.google.com/patent/US7243001

Kelly, J.(2022.4.21). A hard-hitting investigative report into

Amazon shows that worker's needs were neglected in favor of getting goods delivered quickly. Forbes, https://www.forbes.com/sites/jackkelly/2021/10/25/a-hard-hitting-investigative-report-into-amazon-shows-that-workers-needs-were-neglected-in-favor-of-getting-goods-delivered-quickly/

Lyster, C.(2016). *Learning from logistics: How network change our cities.* Birkhäuser.

O'Connor, S.(2013.2.8). Amazon unpacked. Financial Times, https://www.ft.com/content/ed6a985c-70bd-11e2-85d0-00144feab49a

Sherman, N.(2022.4.2). Amazon workers win battle to form first US union. BBC, https://www.bbc.com/news/business-60944677

05
AI와 라스트마일 노동

라스트마일 노동은 소비자에게 상품을 전달하는 물류의 마지막 단계를 담당하는 노동이다. UPS와 쿠팡씨엘에스는 디지털 기술을 활용해 배송 효율성을 극대화한다. 그러나 이 과정에서 노동자들은 강한 통제와 불안정한 노동 환경에 놓이게 된다. 특히 노동자들은 배송 기한을 지키지 못하면 언제든지 일자리를 잃을 위험에 처한다. 효율성 증대를 위해 노동자들의 인간적 삶이 위협받고 있다.

AI와 아이돌?

라스트마일 노동

라스트마일(last mile) 노동은 상품을 소비자에게 전달하는 물류의 마지막 단계를 담당하는 노동을 의미한다. 최근 물류의 마지막 개척지로 주목받고 있다. 온라인 상거래의 중요성이 커지고 거의 모든 상품을 앱으로 주문하는 시대다. 그 결과 라스트마일 배송의 용량, 속도, 유연성에 대한 요구가 폭발적으로 증가했기 때문이다.

아마존은 획기적인 라스트마일 배송 방식을 2016년 특허 출원했다(CNBC, 2016.12.30). 현재까지 실현되지는 않았지만 '공중풀필먼트센터(Airborne Fulfillment Center)'가 그것이다. 1만3700미터 상공에 떠 있는 비행선에서 자율 드론을 이용해 지상의 고객에게 주문 상품을 배송한다. 비행선에 재고를 보충하고 작업자를 운송하기 위해 셔틀이라는 더 작은 비행선도 이용한다. 드론의 낙하 위험을 막기 위해서 고장 난 드론이 스스로 파괴되는 특허도 출원했다.

자율 드론 배송을 현실화하기 위한 노력이 한창이다. 매우 제한적인 상황에서의 시험 배송은 이미 성공했다. 물론 높은 비용과 항공 운행 관련 법적 규제 같은 큰 장애물을 넘어서야 한다. 그런데도 아마존, 월마트, DHL, 머스크, 구글 등 다양한 기업들이 물류의 마지막 개척지에 도전하고 있다.

그러나 라스트마일은 여전히 가장 노동 집약적인 물류 분야로 남아있다. 공급망 측면에서 가장 중요하고도 비용이 많이 드는 라스트마일의 노동은 강한 통제와 불안정한 노동 조건이 특징이다. 디지털 기술의 도입으로 알고리즘을 통한 관리와 감시가 강화되고 있고, 하도급이나 유연한 노동 계약 등으로 노동 조건의 불안정성이 심화하고 있다.

미국 배송업체 UPS

UPS(United Parcel Service)는 2023년 기준으로 약 50만 명을 고용하고 있는 세계적인 배송업체다. 포장물 배송을 핵심 사업으로 하며, 같은 해 기준으로 총 53억 개(하루 평균 2800만 개)의 소포를 배송해 910억 달러의 매출을 기록했다(나무위키, 2024.12.17). 5만 명 이상의 운전자가 배송 트럭을 몰고 있는데, 다른 업체보다 노동조합이 잘 조직되어 있어서 직접 고용 운전자 수가 많고 임금과 복리 후생도 상대적으로 높은 편이다.

이런 상황에서 UPS는 경쟁력 유지를 위해 업무 집중화에 초점을 맞춘다. 그렇게 해서 도입된 것이 'ORION (On-Road Integrated Optimization and Navigation)' 소프트웨어와 '텔레매틱스(Telematics)' 시스템이다. 여기서 텔레매틱스는 Telecommunications와 Informatics의 합성어다.

텔레매틱스는 차량에 설치된 정보 통신 기기를 활용해 다양한 자료를 수집하고 분석하는 시스템으로 배송 업무의 효율성을 증대시킨다. 이 시스템 도입 이후 첫 4년 동안 하루에 140만 개의 소포를 추가로 처리할 수 있게 되었다고 UPS는 밝혔다(Harper's Magazine, 2015.3. issue).

그러나 이 시스템은 배송 트럭 운전자들의 업무를 매우 급진적으로 표준화하고 노동 강도를 강화했다. 배송 트럭마다 부착된 200개 이상의 센서와 운전자에게 지급된 휴대용 스캐너를 통해 수많은 정보를 수집한다. 다시 말해, 이 시스템은 트럭의 속도와 제동 정보, GPS 데이터, 고객 배송 데이터, 운전자 행동 데이터, 안전띠 사용과 유휴 시간 정보, 차량의 후진 횟수와 정차 정보 등 아주 세부적인 정보까지 기록해 UPS 데이터 센터로 전송하고, 이 정보를 분석한 자료를 관리자에게 전달한다.

UPS의 담당자는 텔레매틱스 시스템이 노동자 관리에 어떻게 쓰이는지를 이렇게 설명했다. "우리는 운전기사와 관리자에게 … 운전자의 행동이 우리가 추구하는 결과와 어떻게 일치하는지에 대해 자세한 보고서를 제공합니다. 구체적인 데이터를 통해 운전자는 운전 중 행동을 최적화하고, '움직이는 실험실'을 더욱 효율적으로 운영할 수 있게 됩니다"(Altenried, 2021).

또한 수집된 정보는 성과 지표를 설정하는 기초가 되어 배송 트럭 운전자를 압박하는 수단으로 사용된다. 관리자는 운전기사들의 상세한 실적 정보가 기록된 보고서를 근거로 배송 건수를 늘리도록 요구한다. 트럭 내부에 설치된 센서를 통해 수집된 정보가 인쇄물 40페이지에 달할 정도로 방대하니, 운전자는 화장실 사용이나 사소한 규칙 위반도 관리자에게 해명해야 하는 상황이 속출한다.

ORION은 배송 경로를 최적화하여 효율성을 높이고 비용을 절감하기 위해 사용되는 소프트웨어다(Product Monk, 2024.10.13). 복잡한 알고리즘을 이용해 매일 수백만 건의 배송 경로를 분석하고 최적의 경로를 제안한다. 교통 상황, 도로 조건, 고객의 특정 요구 사항, 배송 차량의 연료 효율성 등을 고려해 경로를 계산한다. 이처럼 ORION은 학습 알고리즘을 이용해 배송 트럭에서 생성되어 자동으로 피드백되는 자료를 분석하고 이를 근거로 배송 지역의 시간 지도를 만든다.

특히 ORION은 배송 트럭 운전자의 불필요한 좌회전을 줄이려고 했다. 왜냐하면 좌회전은 교차로에서의 대기 시간을 늘리고 연료 소비를 증가시키며 사고 위험을 높이기 때문이다. UPS는 ORION 소프트웨어를 통해 좌회전을 줄이는 배송 경로를 파악했고 효율성을 증대시킬 수 있었다고 밝혔다.

하지만 배송 트럭 운전자의 생각은 다르다. 오히려 ORION이 번거롭다고 생각하며, 이전과 비교해서 디지털 기술을 통한 관리가 정말로 효율적인지에 대해 의심하고 있다. 그러나 운전자가 이 소프트웨어의 지시를 거부하는 것은 있을 수 없는 일이다. UPS의 기술적 통제에 따라야 하고 그렇지 않으면 불이익을 받게 된다. 이처럼 디지털 기술에 기초한 업무 수행 관리는 노동자들의 의사결정권을 완전히 무력화시켰다.

또한 ORION 소프트웨어가 생산한 다양한 지표와 업무 목표는 생산성을 높이기 위해 노동자를 압박하는 수단으로도 사용된다. 배송 트럭 운전자들은 이 소프트웨어가 경로 효율성을 특별히 높이지 않았는데도 업무 목표치가 상향 조정되었다고 주장한다. 이들은 새로운 목표를 달성하려고 더 강도 높은 노동에 내몰렸고, 안전 문제는 소홀할 수밖에 없었다.

쿠팡씨엘에스

쿠팡씨엘에스(Coupang Logistics Services)는 쿠팡 물류센터에서 상품을 전달받아 소비자에게 배송하는 역할을 담당하고 있는 쿠팡의 자회사다. 배송의 핵심은 '로켓 배송'과 '새벽 배송'이다. 주문을 받은 뒤에 제조사에서 상품을 전달받아 배송하는 기존 방식과 달리, 물류센터에 미리 적재해 둔 상품을 주문을 받는 즉시 배송하는 것이 로켓 배송이다. 그래서 이른 오후에 주문해도 당일 배송이 되고, 저녁 주문은 다음 날 오전까지 배송된다. 특별히 신선 식품은 밤 12시 전에만 주문하면 다음 날 오전 7시 전까지 배송(새벽 배송)된다(뉴스타파, 2024.9.13).

쿠팡 배송 기사들은 회사에 직접 고용된 '쿠팡 친구'와 배송 업무 위·수탁 대리점과 계약을 맺은 '퀵플렉스(Quick Flex) 기사'로 분류된다. 쿠팡 친구는 차량 유지비, 4대 보험료 등을 회사에서 부담하지만, 퀵플렉스 기사는 업무에 필요한 비용 대부분을 본인이 부담할 뿐만 아니라 개인 사업자로 인정되어 노동자로서의 법적 보호도 받을 수 없다. 2023년 8월 기준으로 쿠팡 친구는 약 6000명이고 퀵플렉스 기사는 약 1만8000명으로 추산된다. 이들은 주 6일 동안 하루 평균 약 12시간을 일하며 약 400개 안팎의 상품을 배송하고 있다(뉴스타파,

2024.9.30).

쿠팡씨엘에스도 마찬가지로 디지털 기술을 이용해 배송 기사들을 엄격히 통제한다. 대표적인 방식이 클렌징(Cleansing) 제도다. 이것은 배송 업무 위·수탁 대리점과 맺은 '계약 즉시 해지' 조항에 포함되어 있다. 가장 까다로운 조건은 배송 기한(Promised Delivery Date, PDD) 기준이다. '오늘 밤 12시 전 도착 보장', '내일 새벽 7시 전 도착 보장' 같은 배송 기한이 명시된 상품을 제때 배송하지 못하면, 다시 말해 이런 상품의 월평균 배달 실수 비율이 0.5% 이상이 되면 계약을 즉시 해지할 수 있다. 200개 가운데 1개만 실수해도 일자리를 잃을 수 있다는 말이다(뉴스타파, 2024.9.30).

따라서 쿠팡 배송 기사들의 과로와 안전 소홀은 일상이 되었다. 안전띠를 매지 않는 것이 다반사고, 엘리베이터를 기다릴 시간도 아까울 정도로 늘 종종걸음 치거나 달린다. 근무시간 중에 한 끼도 못 먹을 때가 허다하고, 빵과 우유를 차에서 먹거나 물과 커피만 마시며 일한다. 디지털 기술을 이용한 철저한 배송 관리는 효율성을 증대시키지만, 그 대신 배송 기사들의 인간적인 삶을 파괴하고 있다.

참고문헌

나무위키(2024.12.17). UPS(기업). https://namu.wiki/w/UPS(%EA%B8%B0%EC%97%85)

홍주환(2024.9.13). [쿠팡은 바뀌지 않는다 2] ① '로켓배송' 종착지에서 본 '쿠팡의 거짓말'. 뉴스타파, https://newstapa.org/article/Qpvya

홍주환(2024.9.30). [쿠팡은 바뀌지 않는다 2] ② 과로와 공짜노동…로켓배송은 죽음을 향한다. 뉴스타파, https://newstapa.org/article/gw_2T

Altenried, M.(2021). *The digital factory: The human labor of automation*. University of Chicago Press. 권오성·오민규 옮김(2023). 『디지털 팩토리: 디지털 자본주의 시대, 보이지 않는 노동』. 숨쉬는책공장.

Borczuk, A.(2024.10.13). Route smarter, not harder: UPS's ORION success. Product Monk, https://www.productmonk.io/p/aws-success-secrets-from-startup-to-titan-473d04d0b889a9d0

Kaplan, E.(2015.3). The spy who fired me: The human costs of workplace monitoring. Harper's Magazine, https://harpers.org/archive/2015/03/the-spy-who-fired-me/

Kharpal, A.(2016.12.30). Amazon wins patent for a flying warehouse that will deploy drones to deliver parcels in minutes. CNBC, https://www.cnbc.com/2016/12/29/amazon-flying-warehouse-deploy-delivery-drones-patent.html

06
AI와 고립 노동

기술의 발전은 노동 환경을 변화시킨다. 최근에는 나 홀로 노동과 노동자들의 고립감을 증가시키고 있다. 디지털 기술은 업무의 분산화와 개별화를 촉진해 혼자 일하는 환경을 만들고, 오픈플랜 사무실과 핫데스킹 같은 제도는 노동자들의 물리적 고립을 심화시킨다. 이로써 노동자들은 관계성과 소속감이 약해지고 정체성 형성에 곤란함을 느낀다. 이런 현상은 사회적 관계의 약화로까지 이어진다.

AI와 야구?

나 홀로 노동

오늘날 기술의 진보는 한편으로는 인간을 기계로 대체하지만, 또 다른 한편으로는 인간을 고립된 노동 환경으로 가둔다. 혼자 일하는 노동자가 증가할 뿐만 아니라 설령 같은 공간에서 함께 일한다고 하더라도 관계를 위축시키는 사무실 제도 등으로 인해 고립감을 느끼게 된다.

디지털 기술의 발달로 업무의 분산화와 연결망 구축이 손쉬워져 나 홀로 노동하는 인구가 증가한다. 이런 변화에 대해 폴란드 출신의 영국 사회학자 지그문트 바우만(Zygmunt Bauman, 2000)은 "이제 레몬즙을 얻으려고 감귤나무 숲을 조성하는 사람은 없다"라는 은유적 표현으로 묘사했고, 독일의 저명한 사회학자 울리히 벡(Ulrich Beck, 1992)은 노동이 가시화되는 장소인 공장이나 사무실도 자본의 탈집중적이고 비가시적인 조직으로 대체된다고 주장했다. 다시 말해 대규모 직원을 관리·감독하는 비효율적인 방법 대신 흩어 놓은 노동자를 더 잘 관리하는 효율적인 방법이 선택된다는 것이다.

정보화 사회와 네트워크 사회 이론으로 잘 알려진 사회학자 마누엘 카스텔(Manuel Castells, 1996)도 유사한 주장을 했는데, 정보 기술의 발달이 기업의 노동 과정을 개별화하도록 촉진한다고 보았다. 즉, 새로운 정보 기술로 인해 업무의 분산화가 일어나고, 지리적 제약 없이 실시간으로 네트워크를 통해 개별적으로 일하는 것이 가능해진다고 했다. 또한 네트워크 사회 연구 전문가인 리 레이니와 배리 웰먼(Lee Rainie & Barry Wellman, 2012)도 소셜 네트워크와 인터넷과 모바일이 사람들의 삶을 변화시켰다면서, 이제 사람들은 어디서나 모바일 기기와 인터넷으로 연결되어 집단 방식의 노동이 아니더라도 원격으로 일할 수 있게 되었다고 주장했다.

이처럼 디지털 기술의 발달은 직장에 가지 않고도 혼자 일하는 것을 가능하게 했으며, 실제로 나 홀로 노동이 증가하고 있다. 하지만 그 규모를 정확히 파악하기는 어려운 상황이다. 나 홀로 노동에 대한 개념 정의도 모호하고, 통계에 잡히지 않는 다양한 노동 형태를 하고 있기 때문이다. 대체로 비임금 노동자로서 다른 사람을 고용하지 않는 자유로운 직업인을 프리랜서라고 하는데 여기에는 독립 계약자, 개인사업자, 단독 노무 제공자, 1인 자영업자 등이 포함된다.

한국의 프리랜서 규모는 연구 기관마다 조금씩 다르지만 대체로 400만 명 이상으로 추정한다. '일하는시민연구소'는 2022년 기준으로 프리랜서 규모를 406만4000명으로 추정했다(세계일보, 2023.9.12). 또 한국노동사회연구소는 2021년 기준으로 400만 명으로 추정했으며, 2025년에는 경제 활동 인구의 15.9%인 449만 명으로 증가할 것으로 예측했다(김종진 · 박관성, 2021).

미국에 본사를 둔 글로벌 프리랜서 플랫폼인 업워크(Upwork)가 발표한 『프리랜서 포워드 2023(Freelance Forward 2023)』에 따르면 2023년의 미국 프리랜서 규모는 전체 노동 인구의 38%에 해당하는 6400만 명인 것으로 조사되었다. 같은 곳에서 조사한 2022년의 6000만 명보다 400만 명이 증가했고, 프리랜서 규모를 처음으로 조사한 2014년의 5300만 명보다는 1100만 명이 증가했다. 10년 동안 해마다 평균 100만 명 이상 늘어난 것이다. 프리랜서들이 미국 경제에 이바지한 연간 수입은 2023년에 1조2700억 달러로 조사되어, 2014년에 조사된 7150억 달러보다 78% 증가했다.

그러나 나 홀로 노동에 종사하는 사람들은 '노동 밖의 노동' 혹은 '제도 밖의 노동'으로 불릴 정도로 많은 문제점을 안고 있다. 한국노동사회연구소에 따르면 프리랜서 3명 가운데 1명은 자기 일이 지속 불가능하다고 생각했고, 또 3명 가운데 1명은 이직을 희망하고 있었는데 50% 이상이 정규직 일자리를 원했다(김종진 · 박관성, 2021). 그리고 프리랜서의 소득 수준은 월평균 183만 원으로 정규직 월평균 임금의 54.5%에 불과했고, 3명 중 1명의 소득은 100만 원 이하였다. 또한 프리랜서의 58.8%는 월 단위로 계약을 했고, 41.2%는 일(건) 단위로 계약을 맺었다. 5명 가운데 1명은 사회보험과 민간보험 미가입자였고 고용보험(90.3%), 산재보험(75.2%), 국민연금(64.1%)은 미가입률이 특별히 높았다. 3명 가운데 1명은 계약 및 이행 부당 대우를 경험했고, 비슷한 비율로 보수 지급 관련 부당 대우를 경험하기도 했다.

오픈플랜식 사무실

오픈플랜(open-plan) 사무실은 칸막이 없이 줄지어 놓은 책상에 앉아 함께 일하는 공간이다. 유럽 사무실의 절반가량, 미국 사무실의 3분의 2가량을 차지하는 가장 흔한 형태의 사무실이다(Hertz, 2020). 1960년대 처음 도입되었을 당시 오픈플랜 사무실은 활발한 면대면(face-to-face) 협력과 깊이 있는 관계를 촉진하리라고 기대를 모았다. 그러나 기대와는 달리 오히려 사람들 사이의 관계를 위축시켰다. 자신의 모든 활동이 모두(특히, 관리자)에게 노출되고, 작업을 방해하는 과도한 소음과 산만함이 있는 사무실에서 노동자는 자신의 업무를 완수하기 위해 자기 검열과 고립적 활동을 스스로 선택할 수밖에 없었기 때문이다.

오픈플랜 사무실은 칸막이 설치 공간과 개인 공간의 축소로 전통적인 사무실보다 1인당 면적이 좁아 50%의 비용 절감 효과가 있는 것으로 알려져 있다(InterviewQ, September 2019). 생산성 향상을 위해 끊임없이 나아가고 있는 인공지능과 결합한다면 더 큰 비용 절감 효과가 나타날 것이다. 인공지능으로 공간 활용 데이터를 분석하여 사무실 레이아웃을 최적화하고, 직원들의 동선을 개선할 수 있기 때문이다.

사무실의 어느 책상에 앉을지를 그날그날 결정하는 핫데스킹(hot-desking) 제도도 노동자의 고립을 심화한다(Hertz, 2020). 독립된 작업 공간도 없고, 지인들의 사진을 붙여 놓을 자리도 없으며, 동료애가 자랄 정도로 누군가와 긴 기간 곁에 앉을 수도 없을 뿐만 아니라 원하는 책상에 앉으려는 경쟁을 날마다 동료들과 벌여야 하기 때문이다.

핫데스킹 제도는 빈 책상과 의자가 없을 가능성이 커 개인에게 고정된 작업 공간을 제공하는 기존 방식보다 효율성이 더 높은 것으로 알려져 있다(Inc., 2018.5.10). 일반적인 사무실에서 작업에 필요한 개인용 기기가 디지털화되면서 고정된 작업 공간의 필요성이 감소하고 있다. 따라서 노동의 고립성을 강화한다는 비판이 있더라도 작업 공간의 효율성을 높이려는 시도는 계속될 것이다.

노동자들이 사무실에서 고립감을 느끼는 데는 물리적 공간의 문제만 있는 것이 아니다. 동료들과 나누는 의사소통의 깊이가 디지털 기술의 발달로 훨씬 더 얕아진 것도 영향을 미쳤다.

일반적으로 직장인들은 하루의 절반을 이메일이나 문자 메시지를 주고받는 데 사용한다(MarketWatch, 2018. 12.2). 그런데 그 대상이 고작 책상 몇 개 정도의 반경 안에 있는 같은 사무실 동료들인 경우가 많다는 사실이 밝혀졌다. 직접 의사소통하는 것이 쉽고 빠른데도 자판 두드리기로 대체한 것이다. 업무 메일로 이루어지는 전형적인 의사소통은 대화보다는 거래에 가깝고, 붙임성과 따뜻함보다는 효율성과 건조함이 도드라진다. 동료와의 이러한 의사소통을 경험하는 노동자의 40%는 "매우 자주" 또는 "항상" 고립감을 느낀다고 조사된 바가 있다.

이처럼 현대 사회의 기술은 노동을 고립시키는 방향으로 발전해 왔다. 인공지능의 발달은 이러한 현상을 더욱더 확대할 것이다. 나 홀로 노동하는 사람들이 증가하고 있고, 직장에 출근한다고 하더라도 옆자리의 동료와

지속적인 관계를 형성하기는 점점 더 어려워질 것이다.

이런 상황에서 노동자의 소속감과 정체성은 약화할 것으로 보인다(Lehdonvirta, 2016). 밀집된 공간에서 직접 상호 교류하는 과정을 거치면서 형성되는 것이 소속감과 정체성이기 때문에 고립된 노동자들 사이에서는 형성될 가능성이 적다는 것이다. 이런 현상은 노동자들 사이의 연대를 약화할 뿐만 아니라 전반적으로 사회적 관계의 약화로 이어질 우려가 매우 크다(김수영, 2021).

참고문헌

권구성(2023.9.12). 일감 부족에… 프리랜서 10명 중 3명 "年업 3개월 이상 무소득". 세계일보, https://www.segye.com/newsView/20230912515692

김수영(2021). 『디지털 시대의 사회복지 패러다임: 네트워크적 접근』. 집문당.

김종진·박관성(2021). 『프리랜서 노동실태와 특징』(KLSI ISSUE PAPER 제154호 2021-13호). 한국노동사회연구소.

Bauman, Z.(2000). *Liquid modernity*. Polity Press. 이일수 옮김(2009). 『액체근대』. 강.

Beck, U.(1992). *Risk society: Towards new modernity*. SAGE Publications Ltd. 홍성태 옮김(2006). 『위험사회: 새로운 근대(성)을 향하여』. 새물결.

Castells, M.(1996). *The rise of the network society*. Wiley-Blackwell. 박행웅 외 옮김(2008). 『네트워크 사회의 도래』. 한울아카데미.

Hertz, N.(2020). *The lonely century: How to restore human connection in a world that's pulling apart.* Crown Currency. 홍정인 옮김(2021). 『고립의 시대』. 웅진지식하우스.

InterviewQs. Why offices are becoming more 'open'. September 2019, https://www.interviewqs.com/blog/closed-open-office

Lehdonvirta, V.(2016). Algorithms that divide and unite: Delocalisation, identity and collective action in 'Microwork'. In J. Flecker(Ed.), *Space, place and global digital work*(pp. 53~80). London: Palgrave Macmillan.

Pochepan, J.(2018.5.10). Here's what happens when you take away dedicated desks for employees. Inc., https://www.inc.com/jeff-pochepan/heres-what-happens-when-you-take-away-dedicated-desks-for-employees.html#:~:text=Hotdesking%20removes%20employees'%20ability%20to,being%20under%20appreciated%20or%20overlooked.

Rainie, L. & Wellman, B.(2012). *Networked: The new social operating system.* The MIT Press.

Schawbel, D.(2018.12.2). How technology created a lonely workplace. MarketWatch, https://www.marketwatch.com/story/how-technology-created-a-lonely-workplace-2018-11-13

Upwork(2023). *Freelance forward 2023.*

07
AI와 노동 감시

디지털 기술은 기업이 노동자들의 활동을 감시하고, 효율성을 극대화하는 수단으로 사용된다. 출퇴근 시간, 근무 태도, 원격 근무자의 활동까지 감시하는 기술은 노동자들의 사생활을 침해하고 자율성을 훼손한다. 미래에는 뇌 컴퓨터 인터페이스와 인공지능 기술의 발전으로 인간의 내면까지 감시할 가능성이 제기된다. 이것은 노동자들의 정신과 마음마저도 감시의 대상으로 만든다는 것을 의미한다.

AI와 윤동주?

디지털 감시의 일상화

기업은 효율성의 극대화를 추구한다. 생존 경쟁에서 살아남기 위해서다. 노동자의 비효율적 활동을 용납하지 않는다. 자본주의 사회가 존속하는 한 예전에도 그랬고 지금도 그렇고 앞으로도 그럴 것이다. 디지털 기술은 기업의 소원에 대한 응답이다. 디지털 모바일 기기를 지닌 모든 노동자를 감시할 수 있게 되었기 때문이다. 노동자에 관한 모든 자료, 즉 출퇴근 시간, 휴식 시간, 근무 시간, 근무 태도 등과 관련한 자료를 지속적으로 수집하고 분류해 노동자를 평가하며, 이를 기반으로 노동자들의 비효율적 활동을 제거할 수 있게 되었다.

코로나바이러스 사태 이전에도 연간 매출이 7억 5천만 달러 이상인 기업의 50% 이상이 직원들의 키보드 입력 정보나 이메일 대화, 그리고 직원들 간의 직접 대화 내용 등을 감시하는 "비전통적인 감시 기법"을 사용했다(Tredinnick & Laybats, 2019). 이러한 이용자 활동 감시(user activity monitoring) 산업은 급속하게 성장할 것으로 전망된다.

콜센터와 같은 고객 지원 센터에서는 인공지능과 기계학습을 활용해 인간의 감정을 분석하고 이해하는 코기토(Cogito) 기술을 통해 직원을 감시하고 생산적인 노동을 독려한다(Hertz, 2020). 직원의 컴퓨터 화면에 설치된 프로그램은 모든 대화 내용을 기록하면서 너무 빨리 말하면 속도계로 주의를 시키고, 대화의 공감 능력이 떨어지면 하트 모양의 아이콘을 띄운다. 혹여 프로그램을 종료하거나 화면 크기를 최소화하면 경보가 울린다.

휴머나이즈(Humanyze)의 생체 ID 배지는 직원의 위치 데이터, 음성과 대화 패턴, 활동 수준을 기록하고 분석해 조직의 효율성을 개선하는 기술이다. 은행에서는 이러한 기술을 이용해 직원들을 감시하고 통제한다(TechCrunch, 2015.2.24). 이 배지는 직원들이 기대앉은 의자의 등받이 각도와 그날 말한 분량과 목소리 톤까지도 기록하기 때문에 직원들은 일상적으로 감시당한다는 느낌을 받을 수밖에 없다. 게다가 수집한 자료를 직원들의 평가 기준으로 삼아 생산성이 높은 직원의 모든 것을 다른 직원도 따라 하도록 지시한다.

그렇다면 물리적인 작업 공간에서 벗어나면 자유로울까? 그렇지 않다. 원격 근무자들에게는 워크스마트(WorkSmart)가 따라붙는다(The Guardian, 2017.11.6). 이 앱은 집중도와 강도를 기준으로 원격 근무자들을 점수화하기 위해 스크린 캡처, 앱 모니터링, 키보드 입력 정보 검사 등을 활용한다. 일하고 있다는 사실을 증명하기 위해 노동자는 10분 간격으로 사진이 찍혀야 하기도 한다. 집에서 일하는 직원들의 게으름을 걱정하는 은행, 보험 회사, 법률 회사, 소셜 미디어 기업 등에서는 워크스마트 같은 감시 소프트웨어에 막대한 돈을 투자한다.

원격 감시는 여기서 그치지 않는다. 업무 성과와 무관해 보이는 직원들의 내밀한 부분까지 기록하고 감시한다. 이를테면, 기업의 건강보험 비용을 줄이기 위해 건강 앱 고365(Go365)를 이용하도록 한다. 이 앱에서는 건강에 좋은 행동을 할 때 포인트를 지급하는데, 이 앱을 이용하는 기업에서는 건강 포인트가 부족한 직원에게 벌금을 부과하기도 한다(The New York Times, 2018. 3.1). 얼핏 직원들의 건강을 챙기는 것 같지만, 사실은 기업의 비용 절감을 위해 업무 시간 이후에도 직원의 사생활을 침해하는 것이다.

노동자에 관한 자료가 계속 수집되고 분류되어 노동자를 평가하는 근거로 사용되지만 정작 노동자 자신은 그 과정을 통제할 수도 없고, 자료에 접근할 수도 없으며, 측정 방법에 대해 이해할 수도 없다. 고용주와 피고용자 사이의 거대한 정보와 권력의 비대칭성을 보여 주는 이러한 전자적 감시의 일상화는 노동자들의 자율성을 훼손하고 소외를 심화하는 결과를 낳고 있다.

미래형 뇌 감시

그렇다면 미래 사회는 어떨까? 전망이 어두운 것이 현실이다. 지금으로서는 어떤 수식어를 붙여야 할지 모를 정도로 기술의 발달이 빠르다. '극단적', '경악스러운'이라는 수식어가 붙어도 전혀 어색하지 않은 미래형 뇌 감시가 현실화하고 있다. 인간의 드러난 행위, 눈으로 보이는 활동을 감시하는 것을 넘어 드러나지 않은, 눈에 보이지 않는, 구현되기 전 단계인 인간 내면의 움직임까지도 감시의 대상이 될 것이 확실해 보인다. 다시 말해, 기술에 의한 노동자에 대한 감시와 통제가 더욱 강화되어 자율성은 심각하게 훼손당할 것이고 인간 소외는 더 심화할 것이다.

우선, 사람의 신체에 마이크로칩을 삽입하는 일이 현실로 나타났다. 미국의 기술 기업 스리 스퀘어 마켓(Three Square Market)은 비록 자발적 지원자에 한정했지만, 50명이 넘는 직원의 손에 비접촉식 ID 카드로 사용할 수 있는 마이크로칩을 삽입했다(Hertz, 2020). 이제 이들은 스캐너 앞에서 손만 흔들면 회사 건물 내부와 보안 구역에 입장할 수 있다. 동시에 직원들의 모든 정보는 데이터로 저장되어 투명한 '유리 인간'을 들여다보는 데 사용될 것이다. 인간의 내면을 들여다볼 수 있는 것은 아니지만, 신체에 마이크로칩을 삽입했다는 것만으로도 충격적인 사실이 아닐 수 없다.

최근에는 마이크로칩을 인간의 뇌에 심는 임상 시험이 미국 식품의약국(FDA)의 승인을 받아 진행되었다(경향신문, 2024.8.5). 이 임상 시험은 테슬라(Tesla)의 최고 경영자인 일론 머스크(Elon Musk)가 2016년에 설립한 뇌신경과학 스타트업 '뉴럴링크(Neuralink)'에서 이루어졌다. 이들은 컴퓨터를 매개로 인간의 두뇌와 인공지능을 통합하는 것을 목표로 하고 있다.

머스크는 2019년 장애나 난치성 질환을 치료하기 위해 사람의 뇌에 컴퓨터 칩을 이식하는 임상 시험을 시작할 것이라고 주장했다. 2020년에는 돼지의 뇌에, 2021년에는 원숭이의 뇌에 무선 컴퓨터 칩을 이식했다고 밝혔고, 원숭이가 조이스틱 없이 비디오 게임을 하는 동영상을 공개하기도 했다. 2022년에는 인간의 뇌에 컴퓨터 칩을 이식하는 임상 시험을 승인받지 못했다. 칩 과열로 인해 뇌 조직 손상과 칩 제거 과정에서 뇌 손상 우려 때문이었다. 2023년 드디어 임상 시험 승인이 났고, 2024년 1월 인간 뇌에 컴퓨터 칩을 이식하는 첫 수술이 성공했다.

뉴럴링크는 두피에 구멍을 뚫고 전극 1024개를 환자의 뇌에 직접 삽입하는 방식을 사용한다. 처음으로 뇌에 컴퓨터 칩을 이식한 사지 마비 환자는 현재 생각만으로 비디오 게임과 온라인 체스를 즐길 수 있을 정도다. 2024년 8월 척추 손상으로 움직임이 자유롭지 못한 환자가 두 번째로 뇌에 컴퓨터 칩 이식에 성공했고, 올해 8명의 환자에게 추가로 임상 시험을 시행할 계획이다.

뉴럴링크 이외에도 세계 각국의 기업과 연구진들이 뇌와 컴퓨터를 연결하는 '뇌-컴퓨터 인터페이스(Brain-Computer Interface, BCI)' 기술 개발에 뛰어들고 있다. 대표적으로 뉴럴링크의 경쟁사인 싱크론은 뇌 수술 없이 정맥에 전극을 이식하는 방식을 사용한다. 2024년 자사의 BCI를 애플의 헤드셋 형태 혼합현실(MR) 기기인 '비전 프로'에 연결해, 루게릭병을 앓는 환자가 생각만으로 비전 프로를 작동시켜 텔레비전 시청과 문자 메시지 전송에 성공했다.

이뿐만이 아니다. 인공지능을 이용해 마음속의 생각을 읽어내는 기술이 등장하고 있다(한겨레, 2024.6.29). 인간의 뇌나 신체에 컴퓨터 칩을 삽입하는 방식이 아니라, 기능적 뇌 자기공명영상(Functional Brain Magnetic Resonance Imaging, fMRI)으로 촬영한 뇌 영상 사진을 읽는 것만으로 생각하는 바를 알아낼 수 있게 된 것이다. 인공지능의 강력한 분석력을 이용한 결과다. 상용화까지는 훈련과 기술 개발이 더 필요하겠지만, 어쨌든 마음을 읽는 기술이 가시권에 들어온 셈이다.

이러한 디지털 기술의 발달은 기존의 감시 대상에서 제외되었던 인간의 정신과 마음까지도 그 대상으로 포섭하는 결과를 낳을 것이다. 미래 사회에서는 나의 행동뿐만 아니라 생각까지도 수집 · 분석되고 평가될 것이다. 내 생각의 출력물을 관리자와 함께 바라보고 있는 나는 어떤 생각을 하고 있을까? 상상조차 하기 어려운 미래가 우리를 기다리고 있다.

참고문헌

곽노필(2024.6.29). 생각 훔치는 AI 등장…머릿속 동영상 재현 성공. 한겨레, https://www.hani.co.kr/arti/science/technology/1094165.html

김상범(2024.8.5). 뉴럴링크, 두 번째 '뇌 칩 이식' 성공…생각만으로 컴퓨터·로봇 움직인다. 경향신문, https://www.khan.co.kr/article/202408051612001

Bidgood, J.(2018.3.1). 'I live paycheck to paycheck': A West Virginia teacher explains why she's on strike. The New York Times, https://www.nytimes.com/2018/03/01/us/west-virginia-teachers-strike.html

Hertz, N.(2020). *The lonely century: How to restore human*

connection in a world that's pulling apart. Crown Currency. 홍정인 옮김(2021). 『고립의 시대』. 웅진지식하우스.

Miller, R.(2015.2.24). New firm combines wearables and data to improve decision making. TechCrunch, https://techcrunch.com/2015/02/24/new-firm-combines-wearables-and-data-to-improve-decision-making/

Solon, O.(2017.11.6). Big brother isn't just watching: Workplace surveillance can track your every move. The Guardian, https://www.theguardian.com/world/2017/nov/06/workplace-surveillance-big-brother-technology

Tredinnick, L. & Laybats, C.(1983). Workplace surveillance. *Business Information Review, 36(2)*, 50~52.

08
AI와 모라벡의 역설

모라벡의 역설은 '인간이 쉽게 하는 작업을 컴퓨터는 어려워하고, 반대로 컴퓨터가 쉽게 하는 작업을 인간은 어려워한다'는 점을 강조한다. 이 역설은 인간의 고유한 능력이 기술로 대체되지 않을 것이라는 낙관론을 뒷받침해 왔다. 하지만 최근의 기술 발전은 이러한 경계를 허물고, 기계가 인간의 업무를 잠식하고 있다. 이러한 변화는 모라벡의 역설에 대한 재평가와 미래의 일자리에 대한 새로운 접근 방식을 요구한다.

AI와 한의학?

모라벡의 역설

컴퓨터 공학자였던 한스 모라벡(Hans Moravec)은 1980년대 컴퓨터와 인간을 비교하면서 '모라벡의 역설(Moravec's Paradox)'을 주장했다. 그에 따르면, 인간은 쉽게 하는 작업이지만 컴퓨터는 하기 어려운 작업이 있고, 반면에 컴퓨터는 쉽게 하는 작업이지만 인간은 하기 어려운 작업이 있다. 예를 들어 주변 물체를 인식하고 그것을 잡거나 조작하는 일은 인간에게는 아주 쉽다. 하지만 컴퓨터 기술로 이것을 실현하기는 매우 어렵다. 상당히 복잡한 프로그래밍과 고급 기술이 필요하기 때문이다. 반면에 논리적이고 계산적인 작업은 컴퓨터가 인간의 능력을 훨씬 능가한다. 인간처럼 자연스럽게 걸을 수는 없어도 복잡한 수학 문제는 쉽게 풀이한다.

그런데 이 역설의 핵심은 단순히 인간과 컴퓨터 간 우열의 영역을 정하는 데 있지 않다. 오직 컴퓨터가 모방할 수 없는 인간만의 고유한 능력이 있다는 것을 증명하는 데 있다. 즉, 감각 능력과 운동 능력, 감성과 창의성은 컴퓨터가 인간을 능가할 수 없는 성역이라는 것이다. 그래서 이 성역에서만큼은 기술 발달과 무관하게 인간의 일자리가 사라지지 않으리라 예측했다. 특히, 정교한 손기술이 필요한 서비스업은 기술 발달의 영향권에서 벗어나 있다고 확신했다. 이로써 모라벡의 역설은 미래의 일자리를 낙관하는 주요한 근거가 되었다.

인공지능 착오

초창기 인공지능 개발자들은 자동화를 어떻게 이해하고 있었을까? 그들은 인간의 일을 기계가 대신하려면 그 일을 설명해 줄 수 있는 명령 프로그램이 반드시 있어야 한다고 믿었다. 그래서 그들은 인간의 작업을 찬찬히 살핀 뒤 일의 단계를 논리적으로 정리하고 그것을 구체화하는 작업을 통해 기계에 명령을 내릴 프로그램을 개발했다. 이렇게 만들어진 명시적 작업 규칙에 따라 기계는 인간의 일을 대신 수행할 수 있었다.

따라서 인간의 작업 수행 방식을 쉽게 설명할 수 있는 일은 명령 프로그램을 만들기가 쉬워 기계화 속도가 빨랐다. 모라벡의 역설에 따르면, 이러한 현상은 인간보다 컴퓨터가 훨씬 더 뛰어난 능력을 발휘할 수 있는 논리적이고 규칙적인 영역에서 나타난다. 이를테면 비서와 행정 사무원, 생산직 노동자와 판매원의 일은 반복적이고 규칙적인 작업이 많은 직업으로 작업 방식을 쉽게 설명할 수 있고 명령 프로그램을 만들기 쉬워 기계화가 빠르게 진행되었다.

반면에 인간의 작업 수행 방식을 쉽게 설명할 수 없는 일은 명령 프로그램을 만들기가 어려워 기계화할 수 없는 것으로 인식되었다. 모라벡의 역설에 따르면, 이러한 현상은 컴퓨터보다 인간이 훨씬 더 뛰어난 능력을 발휘할 수 있는 감각적이고 감성적이며 창의적인 영역에서 나타난다. 예를 들어 감각적 손 기술을 많이 사용하는 요식업, 정서적 교감 능력이 필수 요건인 의료 산업, 창의성이 발휘되는 건축업과 예술 활동은 인간의 작업 방식을 쉽게 설명할 수 없는 영역으로 명령 프로그램을 만들기 어려워 기계화가 추진될 수 없는 인간 일자리의 안전지대로 여겨졌다.

이처럼 인간의 일을 대체할 기계를 개발하는 유일한 길이 그 일을 수행하는 인간의 방법을 그대로 베끼는 것밖에 없다고 확신하는 것을 '인공지능 착오(AI Fallacy)'라고 한다(Susskind & Susskind, 2015). 이후에 밝혀진 사실이지만, 기계가 인간의 일을 대체하기 위해 기존의 방식, 즉 인간의 작업 방식을 그대로 따르지 않아도 되었기 때문이다.

어쨌든 초창기 인공지능 개발자들의 이러한 착오는 모라벡의 역설을 강화했다. 그 결과 기계 발달 수준과 무관하게 인간의 일자리 안전지대를 확보할 수 있다고 장담하는 낙관주의가 확산하게 되었다.

스스로 배우는 고숙도치 떼

인공지능 착오 이외에도 모라벡의 역설을 뒷받침하는 사고방식이 있었다. 기술이 대체할 인간의 일을 업무가 아닌 직업으로 인식한 것이었다. 직업은 다양한 업무로 구성되어 있어서 그 자체를 대체하기란 쉽지 않은 일이다. 특정 직업과 관련한 모든 업무를 수행할 수 있는 기계를 개발한다는 것은 매우 어려운 일이다. 따라서 기술이 발달하더라도 인간의 일자리를 쉽게 넘볼 수 없을 것으로 생각했다.

그러나 MIT 대학교의 경제학자 데이비드 오터(David Autor), 프랭크 레비(Frank Levy), 리처드 머네인(Richard Murnane)은 기술과 일의 관계를 새롭게 볼 것을 주장(ALM 가설)했다(Autor, et al., 2003). 즉, 기술의 발달로 대체되는 인간의 일을 직업이 아니라 업무의 관점에서 보아야 한다는 것이다. 직업 그 자체를 대체하기란 매우 어려운 일이지만, 직업을 구성하고 있는 다양한 업무들을 대체하기는 그리 어렵지 않기 때문에 기계의 인간 일자리 대체 문제를 바라보는 현실적인 시각이라는 것이다. 어느 날 갑자기 의사, 교사, 간호사 등의 일자리가 사라지는 것이 아니라, 이들의 업무를 지속적이고도 급속도로 기계가 잠식하고 있다는 것이다.

최근의 몇몇 연구는 ALM 가설을 신중하게 고려할 것을 시사한다. 맥킨지 앤 컴퍼니(McKinsey & Company, 2017)의 연구 결과에 따르면 현재의 기술로 완전히 자동화할 수 있는 직업은 5%도 안 되지만 업무의 30% 이상을 자동화할 수 있는 직업은 60%가 넘었다. 이외에도 2015년 기준으로 모든 제조업 분야의 전체 노동 시간 가운데 64%를 기존 기술로도 대체할 수 있는 업무로 분류했다(Chui, et al., 2017). 그리고 오늘날 자동차 제조 공장에서의 업무 80%를 로봇이 대체하고 있는 것으로 밝혀졌다(Susskind, 2018). 이처럼 기술의 인간 일자리 대체는 직업이 아니라 업무를 잠식하는 방식으로 진행되고 있다. 모라벡의 역설에서 주장한 인간만의 영역이 점점 줄어들고 있다는 말이다.

또한 이제 기계는 인간의 도움 없이 스스로 업무를 수행하는 방법을 익히고 있다. 그동안 인간이 쉽게 설명할 수 없어서 명령 프로그램으로 개발할 수 없었던 영역에서도 기계는 인간의 설명을 더는 필요로 하지 않게 되었다. 주변 물체를 인식하고 그것을 잡고 조작하는 일을 인간에게 배우지 않고도 수행할 수 있게 되었다. 이것은 인공지능의 착오에서 완전히 벗어났다는 것을 의미한다.

설명하기 어려운 정교한 손 기술이 필요하다는 이유로 컴퓨터가 침범할 수 없는 대표적인 인간 영역으로 분류되었던 서비스업에서도 큰 변화가 일어나고 있다. 식당에서 로봇을 접하는 일은 낯설지 않다. 주문은 물론 안내와 결제 기능 같은 서비스도 제공하고 있다. 한국의 로봇 솔루션 기업들이 만든 주방 로봇은 최대 350종 이상의 메뉴를 1시간에 1000인분 이상을 만들 수 있고, 치킨 로봇은 주문에서 튀김까지의 전 과정을 자동화했다(뉴시스, 2023.4.17).

의사들의 전문적인 판단 영역이었던 질환의 진단도 인공지능에 의해 대체되고 있다. 의사들은 진단을 위해서는 환자를 진심으로 대할 줄 아는 능력, 경험으로 단련된 자신만의 솜씨를 발휘할 줄 아는 능력, 즉 말로 설명하기 어려워 프로그래밍이 곤란한 능력이 필요하다고 믿고 있었다. 그러나 인공지능은 이러한 능력 없이도 질환 진단에서 뛰어난 성과를 올리고 있다.

고대 그리스의 시인 아르킬로코스(Archilochus)는 "여우는 많은 것을 알지만, 고슴도치는 중요한 것 한 가지를 안다"라고 말했다(Berlin, 1953). 이 시구를 인간과 기계에 적용하면, 기계는 고슴도치처럼 하나의 영역에서만 제 역할을 할 수 있어서 더 많은 업무를 종합적으로 수행하는 여우 같은 인간을 대체할 수 없게 된다. 여태껏 기계는 결코 여우가 될 수 없을 것이라고 믿으며 기계로 대체되는 일자리 문제에 대해 낙관했다.

그러나 고슴도치 떼가 몰려온다면, 그것도 인간의 도움 없이 스스로 학습하며 업무 수행 방법을 습득하고 있는 영리한 고슴도치 떼가 몰려온다면 그래도 인간의 일자리는 안전할까? 10가지 업무를 모두 수행할 수는 없지만, 1가지 업무를 수행하는 10마리의 고슴도치들이 있다면 그 업무는 기계로 대체될 수 있지 않을까? 모라벡의 역설을 믿으며 인간의 안전지대를 찾으려는 노력이 중요한 것이 아니라, 떼로 몰려오는 고슴도치들과의 전쟁에서 어떻게 하면 승리할 수 있을지를 전략적으로 고민해야 할 시점이 아닐까?

참고문헌

권안나(2023.4.17). "인력난 해소하고 비용도 효율화"…'로봇식당' 시대 성큼. 뉴시스, https://www.newsis.com/view/NISX20230417_0002268987

Autor, D., Levy, F., & Murnane, R.(2003). The skill content of recent technological change: An empirical exploration. *Quarterly Journal of Economics, 118(4)*, 1279~1333.

Berlin, I.(1953). *The hedgehog and the fox: An essay on tolstoy's view of history*. Princeton University Press. 강주헌 옮김(2010). 『고슴도치와 여우: 우리는 톨스토이를 무엇이라 부르는가』. 애플북스.

Chui, M., George, K., Manyika, J., & Miremadi, M. Human + machine: A new era of automation in manufacturing. *Mckinsey & Co.*, September 2017.

McKinsey Global Institute. *A future that works: automation, employment, and productivity. Mckinsey & Co.*, January 2017.

Susskind, D. & Susskind, R.(2015). *The future of the professions: How technology will transform the work of human experts*. Oxford University Press. 위대선 옮김(2016). 『4차 산업혁명 시대: 전문직의 미래』. 와이즈베리.

Susskind, J.(2018). *Future politics: Living together in a world transformed by tech*. Oxford University Press.

09
AI와 전문직 노동

인공지능의 급속한 발전은 고숙련 전문직조차도 위협한다. 과거에는 기술 발전이 주로 중간 기술 일자리를 위협했지만, 현재는 그렇지 않다. 고숙련 직업군이 인공지능의 주요 표적이 되면서 고용 불안이 확대되고 있다. 이러한 노동시장의 하방 압력은 저숙련 노동자들의 임금 하락과 일자리의 질 저하 등 심각한 사회 문제를 초래한다. 노동 시장 전반에 걸친 새로운 접근법이 요구되고 있다.

AI와 화장품?

전문직 노동의 위기

인공지능의 등장은 인간 일자리의 안전지대를 위협하고 있다. 고학력, 고숙련, 고임금 전문직 일자리는 기술 발달로부터 안전한 장소로 여겨졌다. 따라서 기술 발달로 일자리가 위협받을 때 언제나 고학력과 고숙련이 대안으로 제시되었다. 그러나 인공지능은 이러한 대안을 무색하게 하고 있다. 전문직 노동이 인공지능의 공격에 함락될 위기에 처했다는 것이다.

챗GPT를 개발한 오픈AI는 2023년 8월 GPT와 같은 거대언어모델(Large Language Model, LLM)이 노동 시장에 미칠 잠재적 영향을 조사해 공개했다(Eloundou, et al., 2023). 이 자료에 따르면, 거대언어모델의 도입으로 업무에 최소 50%의 영향을 받는 미국 노동자는 5명 중 1명이다. 거대언어모델과 이에 기반을 둔 소프트웨어를 통합하면 미국의 모든 노동자 작업의 47~56%를 지금과 같은 수준의 품질로 훨씬 더 빨리 완료할 수도 있다. 물론 이러한 효과는 모든 임금 수준에 걸쳐 일어나지만, 특히 고소득 전문직에 더 큰 영향을 미치는 것으로 조사되었다. 이러한 예측은 거대언어모델의 범용 기술적 특성 때문이라고 한다.

국제통화기금(IMF)이 2024년 1월에 발표한 보고서에 따르면, 역사적으로 자동화와 정보 기술의 발전은 중간 기술 일자리나 저숙련 일자리를 위협했다면, 인공지능은 고숙련 일자리를 위협한다는 점에서 구별된다(Cazzaniga, et al., 2024). 인공지능의 역량이 강화되어 엄청난 양의 데이터를 처리하고, 패턴을 인식하며, 결정을 내릴 수 있으므로 복잡성과 심층적 전문성이 강해 자동화에 면역력이 있다고 인정받던 고숙련 전문직도 안전할 수 없게 된 것이다. 그 결과 선진국의 일자리가 인공지능에 더 많이 노출되어 있다고 한다. 인공지능에 노출된 일자리 비중이 선진국은 60%(영국 70%, 미국 60%), 신흥국은 40%(브라질 41%), 저소득국은 26%(인도 26%)인데, 절반 이상이 부정적인 영향을 받을 것으로 예측했다.

경제협력개발기구(OECD)가 2023년 11월 발표한 보고서에서도 인공지능으로 가장 위협받고 있는 직업은 한국을 포함한 회원국 38개국 전체 고용의 약 27%를 차지하고 있는 고숙련 전문직이다(OECD, 2023). 대표적으로 법률, 의료, 금융 관련 직군이 위험에 처해 있다. 이러한 결과를 예측하는 이유는 기업들이 성과 향상과 인건비 절감을 위해 인공지능에 투자하므로 전문 교육을 받은 고임금 일자리가 표적이 될 것이기 때문이다.

한국은행도 2023년 11월 펴낸 보고서에서 비슷한 결과를 발표했다(한지우 · 오삼일, 2023). 우리나라 전체 취업자의 12%에 해당하는 약 341만 명은 인공지능 기술로 대체될 가능성이 큰 것으로 드러났다. 그런데 산업용 로봇이나 소프트웨어 같은 기존 기술과 달리 고소득 · 고학력 노동자가 인공지능에 더 많이 노출되어 있어 고용은 줄어들고 임금 상승률은 낮아질 것으로 예측했다. 인공지능 노출 지수가 높은 고소득 직업으로는 일반의, 전문의, 회계사, 자산 운용가, 변호사 등이 꼽혔다. 이러한 결과가 나타나는 이유는 인공지능이 비반복적 · 인지적(분석) 업무를 대체하는 경향이 높기 때문이라고 밝혔다.

현실에서도 인공지능이 전문직 노동을 대체하고 있다. 블룸버그 뉴스 기사의 3분의 1 이상은 로봇이 작성하고 있고, 스포츠나 자연재해 관련 뉴스는 여러 언론사에서 이미 기계 보조 기사를 내보냈으며(The New York Times, 2019.2.5) 중국 관영 언론인 신화통신에는 인공지능 뉴스 진행자가 여럿 있다(BBC News, 2018.11.8).

2023년 5월에는 해외 유력 언론 3곳, 즉 영국 경제지 ≪파이낸셜타임스≫, 프랑스의 ≪레제코-르파리지앵≫ 그룹, 세계적 뉴스 통신사 ≪로이터≫에서 인공지능을 업무에 적용하는 방향을 큰 틀에서 공유했다(미디어오늘, 2023.6.11). ≪파이낸셜타임스≫는 데이터 마이닝, 텍스트와 이미지 분석, 번역 등의 업무에서 저널리스트를 지원하기 위해 인공지능을 다루는 팀을 두기로 했다. ≪레제코-르파리지앵≫은 인공지능을 적극적으로 활용하도록 하면서도 보도 업무에서는 제한하는 모양새를 취했다. ≪로이터≫는 인공지능이야말로 저널리즘을 개선하고 언론인 역량을 강화할 획기적인 방안으로 인식해 공격적으로 업무에 적용하기로 했다.

한국에서도 언론사 자체적으로 인공지능을 도입하고 있다. ≪조선일보≫는 인공지능을 이용해 보도자료 기사 작성 서비스를 테스트하고 있고 ≪한국경제≫와 ≪이데일리≫ 등도 관련 서비스 도입을 준비하고 있으며, 현장의 언론인들 54%는 직무수행 시 인공지능을 사용하고 있는 것으로 알려졌다(미디어오늘, 2024.1.2).

언론계 이외에도 다양한 분야에서 인공지능이 전문직 노동을 위협하고 있다. JP 모건에서는 계약서 검토 작업에 인공지능 시스템을 도입해 인간 변호사의 업무를 수만 시간이나 줄였고(Quartz, 2019.8.7) 의사보다 우수한 성과를 내는 인공지능이 영상의학과, 피부과, 병리학과의 MRI 등과 같은 각종 스캔 이미지를 분석하고 있다

(BBC News, 2019.5.21). 소프트웨어 회사들도 챗GPT를 사용해 개발 인력을 줄이고 있고, 소규모 금융 자산 관리팀이 인공지능의 도움으로 방대한 펀드를 운용하고 있으며, 그래픽 디자이너도 챗GPT를 활용해 짧은 시간에 대단히 많은 일을 하고 있다(박태웅, 2024).

저임금 노동의 침몰

지난 40년 동안의 기술 발달은 중간 숙련 노동자들의 일자리를 줄였다(Autor, 2014). 이것이 '노동 시장의 공동화(Labor Market Polarization)' 현상이다. 저숙련 노동자인 간병인, 청소부, 보조 교사, 간호조무사, 관리인, 정원사, 웨이터, 미용사와 고숙련 노동자인 전문직, 관리직은 늘었지만 중간 숙련 노동자인 비서, 행정 사무원, 생산직 노동자, 판매원은 줄었다. 자동화와 노동력 대체에만 중점을 둔 결과다(경향신문, 2024.1.7). 인공지능도 이와 같은 결과를 낳을 가능성이 크다. 물론 이번에는 고숙련 노동자의 일자리가 줄 것이다. 중간 숙련 노동자에 이어 고숙련 노동자마저 일자리를 잃으면 어떻게 될까? 이들은 잔여 일자리를 찾아 저숙련 노동 시장으로 몰려갈 것이다. 그러면 지금도 경쟁이 치열한 저숙련 노동 시장은 기술적 과밀 상태가 될 것이다.

기술적 과밀 상태는 저숙련 노동 시장에 모인 사람들에게 여러 가지 해로운 영향을 미칠 것이다.

첫째, 임금이 하락할 것이다. 저숙련 노동 시장의 수요보다 공급이 많아지면 임금은 하락하게 된다. 중간 숙련 노동자들의 감소로 저숙련 노동 시장의 임금이 하락한 것처럼 고숙련 노동자들의 감소는 임금의 하방 압력을 더 강화할 것이다. 2016년 미국의 노동 인구 가운데 5%인 760만 명이 27주 이상을 일하고도 여전히 빈곤선(중위소득의 50%) 아래에 머물렀던 것을 보면 기술적 과밀로 인한 저숙련 노동자들의 임금 하락은 심각한 사회 현상이 될 것이다(U.S. Bureau of Labor Statistics, 2018).

둘째, 일자리의 질이 떨어질 것이다. 더 많은 노동자가 저숙련 노동 시장으로 몰려들수록 좋은 노동 환경을 미끼로 구직자를 유인할 고용주의 동기는 사라진다. 고대 로마의 최하층에서 유래한 프롤레타리아트(proletariat)와 precarious(불안정한)를 합성한 프레카리아트(precariat)가 유행할 정도로 저숙련 노동 시장의 일자리는 저임금은 물론 불안정성과 긴장의 연속을 고스란히 담고 있다. 영국의 임시 계약직 노동자 3명 가운데 1명은 정규직을 선호하고, 호출형 계약(zero-hour contract)을 맺은 노동자 2명 가운데 1명은 일정한 근무 시간과 고용 보장을 원하지만 실현되기 어려운 상황이다(The Guardian, 2018.10.3).

셋째, 일을 그만두는 사람이 늘 것이다. 기술적 과밀은 저숙련 노동 시장의 임금을 경제학자들이 말하는 유보 임금(reservation wage) 아래로 끌어내릴 것이다. 유보 임금은 사람들이 구직 활동을 단념하는 것이 낫다고 판단하는 수준의 임금을 의미한다. 사람들은 노동 시장에서 얻을 수 있는 소득이 최저 소득(사회복지 지원금과 가족이나 자선가의 부양 금액)보다 높지 않으면 구직 활동을 단념할 가능성이 크다. 좌절감이 들 정도로 보수가 낮은 일을 하는 것보다 차라리 노는 게 더 합리적인 선택일지도 모른다. 그러나 이로 인해 사회 안전망의 부담은 증가할 것이고, 사회 보장 비용을 부담하는 측의 불만으로 사회적 갈등이 증폭할지도 모른다.

참고문헌

강미혜(2023.6.11). [디지털 전략 점검] 생성AI가 몰고 오는 파괴적 혁신? 언론은 '혁신적 파괴' 직면할 수도. 미디어오늘, https://www.mediatoday.co.kr/news/articleView.html?idxno=310559

박서연·금준경(2024.1.2). 한국 언론, 생성형 AI 활용… 보도자료 넣고

기사 주문 시작. 미디어오늘,
https://www.mediatoday.co.kr/news/articleView.html?idxno=314854
박태웅(2024). 『박태웅의 AI 강의 2025』. 한빛비즈.
주영재(2024.1.7). 업무만 가르치고 빠져라? AI발 해고 '올 것이 왔다'. 경향신문,
https://www.khan.co.kr/article/202401070900021
한지우·오삼일(2023). 『AI와 노동시장 변화』(BOK 이슈노트 제2023-30호). 한국은행.
Autor, D.(2014). Polanyi's paradox and the shape of employment Growth. In *Re-evaluating labor market dynamics: A symposium sponsored by the Federal Reserve Bank of Kansa City. Jackson Hole, Wyoming, August 21-23, 2014.*
Baraniuk, C.(2018.11.8). China's Xinhua agency unveils AI news presenter. BBC News,
https://www.bbc.com/news/technology-46136504
Cazzaniga, M., et al.(2024). *Gen-ai: Artificial intelligence and the future of work.* IMF Staff Discussion Note.
Cheng, M.(2019.8.7). JPMorgan chase has an AI copywriter that writes better ads than humans can. Quartz,
https://qz.com/work/1682579/jpmorgan-chase-chooses-ai-copywriter-persado-to-write-ads
Eloundou, T., et al.(2023). *Gpts are gpts: An early look at the labor market impact potential of large language models.* OpenAI Working Paper.
Gallagher, J.(2019.5.21). Artificial intelligence diagnoses lung cancer. BBC News,
https://www.bbc.com/news/health-48334649
OECD(2023). *OECD employment outlook 2023: Artificial*

intelligence and the labour market. OECD Publishing.

Partington, R.(2018.10.3). More regular work wanted by almost half those on zero-hours. The Guardian, https://www.theguardian.com/uk-news/2018/oct/03/regular-secure-work-wanted-by-almost-half-on-zero-hours-contracts-flexible-gig-economy

Peiser, J.(2019.2.5). The rise of the robot reporter. The New York Times, https://www.nytimes.com/2019/02/05/business/media/artificial-intelligence-journalism-robots.html

U.S. Bureau of Labor Statistics(2018). *A profile of the working poor, 2016.*

10

AI와 기술적 실업

기술의 발전은 노동 시장에서 기술적 실업을 초래할 수 있다. 이 실업은 생산성 증대로 인한 노동력 절감과 새 일자리 창출 사이의 불균형에서 비롯된다. 과거에는 생산성 효과, 경제적 파이 확대 효과, 그리고 새로운 경제 분야 등장의 효과로 이 문제를 해소할 수 있었다. 하지만 현대의 기술은 이러한 효과를 약화한다. 인공지능과 자동 기계가 인간보다 더 효율적인 생산 수단으로 자리 잡으면서 기계가 인간을 대체할 수 있게 되었기 때문이다.

종교와 AI?

기술적 실업

세계 대공황이 한창이던 1930년 영국의 경제학자 존 메이너드 케인스(John Maynard Keynes)는 기술적 실업(technological unemployment)의 개념을 다음과 같이 정리했다. "우리가 노동력을 투입할 새로운 영역을 찾는 속도보다 노동을 절약할 수 있는 수단의 발견이 더 빠를 때 발생하는 실업이다"(Keynes, 1930).

기술의 발달로 생산성이 향상되면 노동력이 절감된다. 예를 들어 생산성이 30% 정도 증가하면 세 사람이 하던 일을 이제 두 사람이 하게 된다. 한 명은 실직하게 될 것이다. 그런데 이 실직자가 새로운 영역에서 일자리를 찾게 되면 아무런 문제가 생기지 않는다. 기술적 실업은 일어나지 않게 된다. 그러나 새로운 영역에서 일자리를 찾지 못하게 되면 케인스가 주장한 기술적 실업이 발생하는 것이다.

일시적 불균형

기술적 실업을 주장한 케인스는 낙관적이었다. 일시적으로 불균형한 단계일 뿐이고, 시간이 지나면 인류가 그 문제를 해결할 것이라고 믿었다. 그의 믿음은 역사적으로 증명되었고, 그래서 최근까지도 사실로 받아들여지고 있다. 그의 주장을 뒷받침하고 있는 경제적 논리를 살펴보면 다음과 같다.

첫 번째 근거는 생산성 효과다. 새로운 기술이 노동 현장에 도입되면, 일부 노동자들은 일자리를 빼앗기겠지만 나머지 노동자들의 생산성은 더 향상된다. 그렇게 올라간 노동 생산성은 상품의 가격을 인하하거나 품질을 향상해 소비자의 소비를 촉진한다. 그러면 시장에서는 더 많은 상품이 필요하게 되고 그 결과 더 많은 생산을 위해 다시 노동자에 대한 수요가 증가해 기술적 실업 문제를 해결하게 된다.

예를 들어 18세기 새롭게 도입된 방적 기술은 더 많은 면실을 더 싼 가격에 판매할 수 있었고, 20세기에 발달한 자동차 제작 기술은 싸고 품질 좋은 자동차를 시장에 출시했다. 그리고 최근 위성 항법 장치(GPS)를 이용해 길을 찾는 택시 운전사는 더 나은 서비스를 제공할 수 있고, 설계 소프트웨어를 사용해 건물을 설계하는 건축가는 더 복잡한 건물을 손쉽게 지을 수 있다. 이러한 생산성 향상은 더 싼 가격과 더 좋은 품질로 시장에서의 상품 소비를 촉진하고 생산량 증대를 위한 새로운 일자리가 기술 발달로 실업자가 되었던 노동자에게 제공되게 된다.

두 번째 근거는 파이 확대 효과다. 흔히 경제를 파이에 빗대어 설명한다. 역사적으로 경제적 파이는 기술 진보와 더불어 급격하게 커졌다. 최근 300년 동안 영국 경제는 113배, 일본 경제는 171배, 미국 경제는 1만5241배 성장했고, 브라질과 오스트레일리아와 캐나다 경제는 각각 1699배, 2300배, 8132배 성장했다(Susskind, 2020).

이렇듯 경제적 파이가 커져 소득이 증가하고 더 부유해지면 사람들은 일반적으로 더 많은 소비를 하게 된다. 그래서 상품과 서비스에 대한 수요가 늘어나고, 그런 상품과 서비스를 생산하는 데 필요한 노동 수요도 같이 증가한다. 그렇게 되면 기술 발달로 일자리를 잃었던 노동자에게 다시 일자리를 얻을 기회가 생기게 되고, 기술적 실업이 완화되는 효과가 나타난다. 이를테면 20세기 경제 성장의 결과로 사람들이 더 부유해지자 자동차 소비가 증가했고, 그 결과 자동차 산업 관련한 일자리, 즉 자동차 생산, 도로 건설, 정유 생산, 주유소, 자동차 정비 등과 같은 영역에서의 일자리가 노동자를 흡수했다. 노벨 경제학상 수상자인 케네스 애로(Kenneth Arrow)도 "실제로 경제는 노동자에게 돌아갈 일자리를 마련한다. 왜냐하면 사람이란 재산이 생기면 무엇인가에 돈을 쓰기 마련이기 때문이다"라며 역사적으로 기술적 실업이 발생하지 않았다고 주장했다(The Washington Post, 1982.12.26).

세 번째 근거는 파이 탈바꿈 효과다. 기술 발달은 경제적 파이를 키웠을 뿐 아니라 파이를 탈바꿈시켰다. 즉, 기존과 다른 방식으로 새로운 생산물을 만들어 냈다. 이번에도 기술 발달로 일자리를 잃은 노동자에게 기회가 찾아온다. 기술적 실업 상태로 내몰렸던 노동자들은 시간이 지나면서 경제의 모습이 바뀌기 시작하고 새로운 분야가 등장하면서 일자리를 얻을 수 있게 된다.

예를 들면 300년 전보다 경제 규모가 100배 이상 커진 영국은 생산물과 생산 방식이 지속적으로 변화해 왔다. 산업혁명 이전에는 주로 농장에서 농산물을 생산했다면, 그 이후에는 공장에서 공산품을 생산했고 오늘날에는 사무실에서 서비스를 생산하고 있다. 최근 300년 동안 가장 큰 규모로 경제가 성장한 미국도 마찬가지다. 1900년 전체 노동자의 41%를 차지했던 농업 노동자는 2%로 줄었고(Autor, 2015) 2023년 기준으로 80% 이상의 노동자는 서비스 분야에서 일하고 있다(U.S. Bureau of Labor Statistics, Employment by major industry sector). 파이 탈바꿈 효과는 영국과 미국뿐만 아니라, 경제

규모가 커진 거의 모든 나라에서 비슷하게 나타났다.

미래의 일자리는 기계의 몫

그렇다면 앞으로도 이러한 효과가 기술적 실업을 해소할 방안이 될 수 있을까? 미래에도 기술은 발달할 것이다. 이로 인해 생산성은 향상되고 경제 규모는 커지며 새로운 경제가 등장할 것이다. 그래도 사람들에게 여전히 충분한 일자리가 제공될 수 있을까? 앞서 살펴본 세 가지 효과를 검토해보자.

첫째, 생산성 효과는 어떨까? 아마 기대하기 어려울 것이다. 앞으로도 기술 발달로 생산성은 계속 증가할 것이다. 그러나 생산성 향상으로 싸고 질 좋은 상품과 서비스에 대한 수요가 증가해 더 많은 상품과 서비스를 생산해야 할 때, 기계를 더 늘리는 것이 인간을 고용하는 것보다 더 효율적이면 인간은 고용 기회를 얻지 못하게 될 것이다.

위성 항법 장치를 이용해 고품질의 서비스를 제공해 택시 이용자가 더 많이 늘어나고 그 영향으로 택시 운전자의 고용이 개선될 수도 있지만, 그것도 어디까지나 인간이 기계보다 운전을 더 잘할 때까지로 제한된다. 자율주행차가 상용화된다면 인간 운전자는 이제 필요하지 않게 될 것이다. 그리고 체스 세계 챔피언이었던 가리 카스파로프(Garry Kasparov)의 '켄타우로스 체스(Centaur Chess)'의 몰락은 인간의 퇴출을 예견하는 슬픈 이야기로 들린다. 그는 인간과 체스 기계가 짝을 이룰 경우, 그 어떤 체스 기계도 이길 수 있다고 장담했다. 하지만 2017년 구글의 알파 제로(Alpha Zero)는 체스 고수들의 게임 데이터를 입력하지 않고 혼자 학습하고도 모든 체스 기계를 이겨 버렸다. 기계의 능력이 향상할수록 인간과 기계의 동업 관계는 파탄 날 것이 분명하다. 이런 미래에도 생산성 효과를 기대할 수 있을까? 너무 어리석은 생각은 아닐까?

둘째, 파이 확대 효과는 어떨까? 이 역시 기대하기 어려울 것이다. 앞으로도 기술 발달로 경제 규모는 계속 커질 것이다. 그러면 경제 성장으로 사람들의 소득이 증가하고 부가 늘어날 것이며, 이에 따라 소비도 확대될 것이다. 하지만 늘어난 소비를 충당하기 위해 생산을 늘릴 때 굳이 인간을 고용할 필요가 있을까? 생산성 효과에서처럼 기계를 더 늘리는 것이 인간을 고용하는 것보다 더 효율적이면 인간은 고용 기회를 얻지 못할 것이다. 경제 성장으로 소득이 증가하면 상품 수요는 늘어나겠지만, 그것이 반드시 노동 수요로 이어지지는 않을 것이다. 오히려 기계의 수요만 증가할 가능성이 크다.

영국의 농업은 1861년보다 4배나 많은 농산물을 생산하지만, 농업의 고용률은 26.9%에서 1.2%로 떨어졌다. 그것도 오늘날 사람들이 농산물 소비에 막대한 돈을 사용하고 있는데도 그렇다. 제조업도 1948년보다 생산량이 150% 증가했지만 노동자 수는 60% 감소했다. 미국도 1986년보다 제조업의 생산량이 70% 정도 증가했지만 노동자는 오히려 30% 감소했다(Susskind, 2020). 경제성장이 소득 증가로 이어지고 이것이 수요를 확대해 고용을 늘린다는 파이 확대 효과는 기술이 발달할수록 미미한 수준으로 떨어질 것이다.

셋째, 파이 탈바꿈 효과는 어떨까? 이 효과도 우리에게 희망이 될 수 없다는 점에서 다르지 않다. 소비자 혹은 생산자는 기술 발달로 새로운 상품과 서비스를 욕망하고 또 생산해 낼 것이다. 실제로 미래 사회에서는 사람들이 오늘날 우리가 상상도 못 할 상품과 서비스를 생활필수품으로 사용하고 있을 것이다. 우리가 휴대 전화나 노트북을 생활필수품으로 사용할 것을 과거 세대가 알지 못했던 것처럼 말이다. 그러나 새로운 영역에서도 인간이 기계보다 효율이 떨어진다면 기계가 인간을 대신해 새로운 생산에 투입될 것이다.

애플과 마이크로소프트는 새로운 영역에 등장한 대표적인 기업이다. 이들은 2018년과 2019년 각각 미국 기업 가치 1위를 차지했다. 하지만 1964년 1위였던 AT&T의 고용 규모 75만 명에 훨씬 못 미치는 13만 명씩을 고용했다(New York Magazine, 2011.4.15). 또한 소셜 미디어 산업도 기업 가치보다 턱없이 적은 인원을 고용하는 데 그쳤다. 구글에 16억5000만 달러에 매각된 유튜브의 임직원은 65명(2016)이었고, 페이스북(현 메타)에 10억 달러에 매각된 인스타그램과 190억 달러에 매각된 왓츠앱의 임직원은 각각 13명(2012)과 55명(2014)이었다(Luce, 2017). 기술 발달이 급속도로 진행되고 있는 현실을 고려하면, 경제가 탈바꿈하더라도 예전과 같은 고용 확대를 기대하기는 어려울 것이다.

기술 발달이 고용 확대로 이어지게 했던 과거의 생산성 효과, 파이 확대 효과, 파이 탈바꿈 효과는 점점 힘을 잃어가게 될 것이다. 인간의 미래 일자리를 담보할 수 없다는 말이다. 말(馬)이 내연 기관에 밀려났듯이 인간도 새로운 기술에 밀려나는 일이 벌어질지도 모른다는 공포가 인류를 짓누르고 있다.

참고문헌

Harden, B.(1982.12.26). Recession technology threaten workers. The Washington Post, https://www.washingtonpost.com/archive/business/1982/12/26/recession-technology-threaten-workers/2c43965d-5db9-4d89-b0d1-51dde0bbd33d/

Keynes, J. M.(1930). Economic possibilities for our grandchildren. In *Essays in Persuasion*. New York: Harcourt Brace, 358~373.

Luce, E.(2017). *The retreat of western liberalism*. Atlantic Monthly Press.

Quoted in Blaine Harden, Recession Technology threaten workers, Washington Post, 26 December 1982.

Susskind, D.(2020). *A world without work*. 김정아 옮김(2020). 『노동의 시대는 끝났다』. 와이즈베리.

Tartar, A.(2011.4.15). The hiring gap. New York Magazine, https://nymag.com/news/intelligencer/topic/hiring-gap-2011-4/

U.S. Bureau of Labor Statistics. Employment by major industry sector, https://www.bls.gov/emp/tables/employment-by-major-industry-sector.htm

안도헌

영남대학교, 대구가톨릭대학교, 대구사이버대학교 등에서 강의하고 있다. (사)2·28민주운동기념사업회에서 연구위원으로 활동하고 있다. 영남대학교에서 "E. Durkheim의 직업집단론과 도덕적 사회관계"라는 주제로 사회학 박사 학위를 취득했다. 『인간관계의 사회학』(공저, 2024), 『2·28민주운동 기록문화 아카이브: 참여학교 교우지 분석』(공저, 2023), 『한국 사회의 다문화 현상 이해』(공저, 2014) 등 10여 편의 저서를 저술했다. "인공지능(AI)과 배제적·고립적 노동분업, 그리고 탈사회적 개인화"(2024) 등 10여 편의 논문을 등재 학술지에 게재했다.